Antimafia-Bewegung und Soziale Arbeit

Marcel Michels

Antimafia-Bewegung und Soziale Arbeit

Wie Zivilgesellschaft und soziale Profession organisierte Kriminalität bekämpfen

Marcel Michels
Berlin, Deutschland

ISBN 978-3-658-03876-2 ISBN 978-3-658-03877-9 (eBook)
DOI 10.1007/978-3-658-03877-9

Die Deutsche Nationalbibliothek verzeichnet diese Publikation in der Deutschen Nationalbibliografie; detaillierte bibliografische Daten sind im Internet über http://dnb.d-nb.de abrufbar.

Springer VS
© Springer Fachmedien Wiesbaden 2014
Das Werk einschließlich aller seiner Teile ist urheberrechtlich geschützt. Jede Verwertung, die nicht ausdrücklich vom Urheberrechtsgesetz zugelassen ist, bedarf der vorherigen Zustimmung des Verlags. Das gilt insbesondere für Vervielfältigungen, Bearbeitungen, Übersetzungen, Mikroverfilmungen und die Einspeicherung und Verarbeitung in elektronischen Systemen.

Die Wiedergabe von Gebrauchsnamen, Handelsnamen, Warenbezeichnungen usw. in diesem Werk berechtigt auch ohne besondere Kennzeichnung nicht zu der Annahme, dass solche Namen im Sinne der Warenzeichen- und Markenschutz-Gesetzgebung als frei zu betrachten wären und daher von jedermann benutzt werden dürften.

Gedruckt auf säurefreiem und chlorfrei gebleichtem Papier

Springer VS ist eine Marke von Springer DE. Springer DE ist Teil der Fachverlagsgruppe Springer Science+Business Media.
www.springer-vs.de

Danksagung

Bedanken möchte ich mich bei allen, die mich unterstützt haben, diese Abhandlung zu schreiben. Die meisten dürften wissen, wer warum gemeint ist.

Dennoch möchte ich explizit folgende Personen erwähnen: Britta, für Vertrauen und Mut, für die Ausdauer beim Zuhören, für die notwendige Motivation und dafür, mir in Zeiten großer Anstrengungen den Rücken frei gehalten sowie ständig gestärkt zu haben; Gisela für die Unterstützung auf dem Weg zur Veröffentlichung, für kritische Worte zur richtigen Zeit, für das Beseitigen meiner Unsicherheiten sowie für diese eine und maßgebliche Reise nach Sizilien; meine Professoren Angela und Heiko für Ermunterungen und beratende Gespräche im Vorfeld; meine engsten Freunde Olaf, Larissa, Flo, Kai, Karsten, Deniz, Mike für Motivation, Ablenkung, psychische Unterstützung und außerdem dafür, dass sie mir noch nach Jahren zuhören, wenn ich wieder von dieser verdammten Mafia zu reden anfange; meine Studienfreunde Erik, Yassin, Micha und Jana, ebenfalls fürs Zuhören, zwar zeitlich kürzer, aber dafür umso intensiver; Bianca, weil sie meine Abhandlung sowohl inhaltlich als auch sprachlich für veröffentlichungswürdig befunden und mich moralisch und inhaltlich unterstützt hat; Lothar, weil er mich moralisch und finanziell auf dem Weg zu dieser Abhandlung begleitet hat und ich mich seiner Zustimmung sicher sein kann; Kirstin und Edo, weil sie uns hervorragend Palermo gezeigt und Sizilien nahe gebracht haben; die Mitglieder von Addiopizzo und Libera, mit denen wir sprechen konnten und die sich für uns Zeit genommen haben; Antonio, weil er so offen mit uns geredet hat und jeden Tag großen Mut beweist; die vielen anderen Menschen, die versucht haben, uns auf ehrliche Weise Sizilien und die dortigen Umstände zu erklären; Manfred, weil ohne ihn diverse Quellen nicht entstanden wären, da er den besten Fotoapparat, den ich je besessen habe (und der insbesondere auf Sizilien bereits massiv zum Einsatz kam) maßgeblich finanziert hat; die Mitglieder von MND für die gute Zusammenarbeit, sowie meine Kollegen für Vertrauen und die Anstellung als päd. Mitarbeiter während des Studiums. Sollte ich jemanden vergessen haben – sorry.

Diese Abhandlung ist den Menschen, die durch den vielschichtigen Einfluss und die oft unterschwellige Gewalt der organisierten Kriminalität benachteiligt werden, sowie der Antimafia-Bewegung (insbesondere den Vereinen Mafia? Nein Danke! und Addiopizzo) gewidmet.

„Chi ha paura muore ogni giorno, chi non ha paura muore una volta sola."

- Paolo Borsellino

„...Freiheit, des hoaßt koa Angst habn vor neamands..."

- Konstantin Wecker in ‚Willy I'

Inhalt

Einleitung 9

1 Erklärung relevanter Begriffe 13

    1.1   Die Soziale Arbeit 13

    1.2   Die Mafia 18

    1.3   Die Antimafia-Bewegung 23

2 Sensibilisierung der Bevölkerung 31

    2.1   Interesse an der Antimafia-Bewegung schaffen 31

    2.2   Eine Haltung der Legalität entwickeln 40

    2.3   Eine Pädagogik der Legalität praktizieren 50

3 Arbeit an den von der Mafia verursachten Folgen 61

    3.1   Perspektiven erarbeiten … 61

    3.2   … und Alternativen bieten 70

    3.3   Vertrauensaufbau gegenüber dem Staat 74

Fazit 79

Anmerkungen 83

Register 93

Quellenverzeichnis 99

Einleitung

Organisierte Kriminalität findet man weltweit. Sie verletzt und tötet nicht nur, sie besticht, entzieht Menschen Ressourcen, um sie von ihr Begünstigten zu gewähren, sie betrügt und sorgt für Ungleichheit sowie divergente Machtverteilungen. Vor allem Mexiko, ein Land, das massiv unter der erdrückenden Macht und der hemmungslosen Gewalt der Drogenkartelle leidet, zeigt exemplarisch, was passiert, wenn man die kriminellen Gruppierungen, Organisationen und Clans nicht frühzeitig in ihre Schranken weist. Mord wird als akzeptable Möglichkeit zur Lösung interner Konflikte und zum Beilegen jeglichen Widerstandes gegen die Organisation von außerhalb genutzt, Reichtum wird an einige Auserwählte verteilt, ebenso wie andere Privilegien, dazu zählen Bildung, medizinische Versorgung oder Arbeit.

Die Existenz der Antimafia-Bewegung, eine Bewegung, die sich gegen die Vielfalt der unterschiedlichen Gruppen der organisierten Kriminalität positioniert und die Relevanz eines demokratisch geführten Rechtsstaates betont, scheint angesichts der genannten, aus der organisierten Kriminalität erwachsenen Folgen absolut notwendig. Und zwar sowohl als Gegenpol zu den organisierten Kriminalitäten unterschiedlicher Art als auch als Gegenpol zu der von ihr absichtlich verursachten Ungleichheit. Aber der Kampf gegen organisierte Kriminalität sowie das Entgegenwirken ihrer Einflussnahme auf Politik, Wirtschaft und vor allem auf die Gesellschaft eines Landes kann nicht ausschließlich der Antimafia-Bewegung überlassen werden.

Die Frage nach der erfolgreichen Bekämpfung organisierter Kriminalität wird auf kurz oder lang jede tolerante, demokratisch handelnde Institution, Profession oder umfassender jedes rechtsstaatlich motivierte Land beschäftigen, zumal organisierte Kriminalität in den letzten Jahren kontinuierlich zunimmt. In die sozialen Belange einer Bevölkerung, die in einem von der organisierten Kriminalität beherrschten Umfeld lebt, ist sie längst fest eingedrungen. Sie bestimmt nicht nur das Leben der betroffenen Menschen, sondern ebenso ihren Alltag und sogar ihre ganz persönlichen Fragestellungen. Genau deshalb sieht sich die Soziale Arbeit immer wieder mit organisierter Kriminalität konfrontiert, auf vielschichtige Art und Weise. Aber vordergründig ist es die von der organisierten Kriminalität gezielt verursachte Ungleichheit, die ungleiche Verteilung von Macht und Ressourcen zu Gunsten einiger weniger, weshalb die Soziale Arbeit sich dringend mit den Thematiken organisierte Kriminalität und Antimafia-Bewegung auseinandersetzen muss.

Folgerichtig stellt sich die Frage, auf welche Weise sich die Soziale Arbeit an der Bekämpfung der organisierten Kriminalität beteiligen und wie sie somit folgerichtig die Antimafia-Bewegung in ihrer zukünftigen Arbeit sinnvoll unterstützen kann. Auf welche Weise beteiligt sich die Soziale Arbeit an Aktionen und Projekten der Antimafia und inwieweit unterstützt sie die Bewegung bereits? Welche Möglichkeiten müssen geschaffen werden, um eine engere Zusammenarbeit zwischen ihr und der Antimafia-Arbeit zu bilden? Kann die Soziale Arbeit auf irgendeine Weise auch von der Antimafia-Bewegung lernen? Genau diese Fragen werde ich im Rahmen der vorliegenden Abhandlung beantworten. Mein Buch beschäftigt sich mit den Auswirkungen krimineller Organisationen, die die Menschen in den von ihnen okkupierten Gebieten erfahren. Die Organisationen der Antimafia, die den Auswirkungen krimineller Organisationen entgegenzuwirken versuchen, werden mit Hilfe einer Auswahl an Gruppierungen samt ihrer Arbeitsfelder dargestellt. Natürlich folgt die notwendige Einschätzung der Sozialen Arbeit im Kontext der Kooperation mit der Antimafia-Bewegung. Mit Absicht werden finanzielle Faktoren, die durch eine vermehrte Unterstützungstätigkeit der Sozialen Arbeit zusätzlich entstehen würden, nicht angesprochen, da dies eine weitere Abhandlung erfordern würde.

Um die genannten Fragen beantworten zu können, habe ich mich dazu entschieden, mich auf die Arbeit der Antimafia-Bewegung in Italien zu konzentrieren. Dies hat den einfachen Grund, dass in Italien eine groß angelegte und effektiv arbeitende Antimafia-Bewegung aktiv ist, am Beispiel Italiens also ausreichend entwickelt werden kann, wie eine derartige Bewegung funktioniert. In anderen Ländern Europas scheint eine Antimafia-Bewegung nur sehr schwach und punktuell ausgeprägt. Außerhalb Italiens sind solche Bewegungen auf kleine Gruppen oder Einzelpersonen wie beispielsweise Journalisten beschränkt. Zwar ließe sich auch mittels dieser Bewegungen aufzeigen, welche Methoden und Mittel notwendig wären, um die Effektivität ihrer Arbeit zu steigern, aber mir schien es vorerst wichtiger, eine bereits vorhandene und großangelegte Bewegung zu betrachten, wie sie in Italien bereits existiert.

Um den Rahmen der Abhandlung nicht zu sprengen, werde ich mich darüber hinaus in erster Linie auf die Antimafia-Bewegung in Sizilien konzentrieren. Folgerichtig betrachte ich primär die dort ansässigen Gruppierungen, den Gegenpol der sizilianischen Mafia als Vertreter der organisierten Kriminalität (zwar existiert auf Sizilien als weitere große kriminelle Gruppierung die namentlich bekannte Stidda, aber diese soll hier keine Rolle spielen). Um die genannten Fragestellungen beantworten zu können, habe ich nach diverser Fachliteratur zu den Thematiken Mafia, Antimafia und Soziale Arbeit recherchiert. Darüber hinaus habe ich mich mit unterschiedlichen, bereits existierenden Organisationen der Antimafia-Bewegung in Sizilien beschäftigt. Letztlich konnte ich auf eine persönliche Reise nach Palermo im Jahre 2010, während der ich mit diversen Mitgliedern der Antimafiaorganisationen *Addiopizzo* und *Libera Terra* sowie mit von der Mafia bedrohten Menschen sprechen konnte, zurückgreifen.

Im ersten Kapitel der Arbeit steht die Klärung der Begriffe Mafia, Antimafia und Soziale Arbeit, wie diese im Rahmen meiner Abhandlung verstanden und inhaltlich genutzt werden, im Vordergrund. In einem zweiten und dritten Teil beschäftige ich mich mit den „traditionellen" Handlungsbereichen der Antimafiabewegung und beleuchte das Vorgehen mafiöser Organisationen. Danach analysiere ich, auf welche Weise die Soziale Arbeit die Antimafia-Bewegung in ihren Tätigkeitsfeldern unterstützen kann oder sogar aktuell unterstützt. In diesem Teil werde ich ebenfalls die kooperative Arbeit zwischen Sozialer Arbeit und Antimafia-Bewegung aufzeigen. Der zweite Teil befasst sich mit der Haltung und dem Bewusstsein von Menschen, wie Bewusstsein unter bestimmten Umständen geprägt und sich mit entsprechender Unterstützung ändern kann. Der dritte Teil setzt sich mit Alternativen und Perspektiven zu den Problemen und Schwierigkeiten, die von der Mafia verantwortet werden und / oder durch mangelnde Fürsorge und Versorgung von Seiten des Staates entstanden sind, auseinander. Zum Abschluss folgt ein Fazit, das die wichtigsten Erkenntnisse und Ergebnisse noch einmal zusammenfassen wird.

1 Erklärung relevanter Begriffe

1.1 Die Soziale Arbeit

Soziale Arbeit ist ein Oberbegriff für Sozialarbeit und Sozialpädagogik. Beide Begriffe entwickelten sich historisch betrachtet aus verschiedenen Ursprüngen, definierten also getrennte Arbeitsfelder. Denn während sich die Sozialpädagogik in erster Linie mit der Arbeit bezogen auf Kinder und Jugendliche auseinandersetzte, deckte die Sozialarbeit logischerweise die Arbeit mit Erwachsenen ab (Armenfürsorge). Aber

> „...mit der Entwicklung des Sozialwesens in der Bundesrepublik Dtl. nach 1949 zu einer psychosozial ausgerichteten Angebotsstruktur, in der sozialadministratives und sozialpäd. Handeln verbunden wird, entfiel diese Trennung."[1]

Heutzutage bezeichnet Soziale Arbeit vielmehr die Verschmelzung von Sozialarbeit und Sozialpädagogik.

Soziale Arbeit setzt sich stets mit Menschen, ihren Problemen und Bedürfnissen auseinander. Sie versucht Menschen mit sozialen Problemen bei der Bewältigung ihrer Lebensaufgaben zu unterstützen, damit sie für sich ein gewisses Maß an Lebensqualität aufbauen können. Die Vertreter, die Sozialarbeiter, werden spätestens dann aktiv, wenn Betroffene nicht in der Lage sind, soziale Probleme aus eigener Kraft zu bewältigen und daher Unterstützung bereitwillig annehmen wollen. Die Pflicht der Sozialen Arbeit zur Unterstützung Hilfebedürftiger ergibt sich

> „...aus dem Verfassungsgebot der Würde des Menschen [in Deutschland Art.1 des GG] und der sozialen Verpflichtung der Gesellschaft (...) Angebote zur Verhütung, Minderung und Bewältigung von Problemen und Notständen zu machen."[2]

Für die Soziale Arbeit resultiert daraus zwangsläufig die Wahrnehmung breitgefächerter und unterschiedlichster Aufgabenstellungen, von denen einige Wenige im Folgenden veranschaulicht werden sollen.

Die Soziale Arbeit ist verpflichtet, Ungleichheit entgegenzuwirken und divergente Machtverteilung unter anderem durch verstärkte Mitbestimmungsmöglichkeiten der Benachteiligten auszugleichen. Sie soll Menschen in sozialen Notlagen unterstützen, damit sie in ihrer Umgebung wieder handlungsfähig werden. Einzelpersonen und Gruppen sollen derart unterstützend gefördert werden, dass sie ihre Probleme selbst erkennen, bearbeiten und bewältigen können, denn nur so haben sie die Möglichkeit, langfristig und irgendwann ohne Unterstützung ihr Leben zu gestalten. Außerdem soll Soziale Arbeit Menschen ermöglichen, an bestehenden Angeboten der Gesellschaft teilzuhaben und diese zu nutzen.

Im Rahmen dieser Aspekte hat es sich die Soziale Arbeit zudem zur Aufgabe gemacht, in Form von Gemeinwesen- und Stadtteilarbeit den Bewohnern eines Viertels Mitverantwortung und Mitentscheidung bezüglich ihrer Lebensumstände zu ermöglichen. Eine weitere wichtige Aufgabe der Sozialen Arbeit ist es, Menschen mit Informationen zu versorgen, die sich diese aus unterschiedlichen Gründen nicht selbstständig erarbeiten können (vgl. DBSH (Hrsg.): Berufsbild für Sozialarbeiter/innen und Sozialpädagogen/innen). Des Weiteren muss die Soziale Arbeit sich darum kümmern, dass das Wohl von Kindern und Jugendlichen geachtet und eine Erziehung dem Wohle jener entsprechend in der praktischen Umsetzung Anwendung findet. In erster Linie nimmt die Soziale Arbeit die genannte Aufgabe wahr, indem sie Eltern und Erziehungsberechtigte dabei unterstützt, eine dem Kindeswohl entsprechende Erziehung im Alltag umzusetzen (vgl. Seithe, Mechthild: Schwarzbuch Soziale Arbeit).

Um ihre Aufgaben analog ihren Zielen umsetzen zu können und um eine humane Umgangsform zwischen den Vertretern der Profession, den Klienten und möglichen Dritten zu gewährleisten, haben sich innerhalb der Sozialen Arbeit eigene Anschauungen, Haltungen, Theorien sowie Handlungsleit- und Richtlinien in der beruflichen Praxis entwickelt. Diese Anschauungen, Haltungen, Theorien und Leitlinien sollen ein möglichst professionelles Handeln der Sozialarbeiter sicherstellen. Insbesondere Anschauungen und Haltungen können im Detail, beispielsweise von Arbeitsfeld zu Arbeitsfeld, divergieren, aber bestimmte Prinzipien zeichnen die Soziale Arbeit aus:

„Sozialarbeit achtet im Besonderen auf die Wahrung und den Schutz des Lebens, auf die Würde des Menschen, die Selbstbestimmung der Einzelnen und die solidarische Unterstützung durch Gemeinschaften. Sie hat eine Werteorientierung, die auf die positive Veränderbarkeit politischer, sozialer und individueller Verhältnisse vertraut."[3]

Eine Besonderheit der Sozialen Arbeit besteht in ihrer interdisziplinären Ausrichtung. Das bedeutet, dass die Profession Theorien und Erkenntnisse verschiedener von ihr abweichender Wissenschaften, beispielsweise der Soziologie, der Psychologie, der Rechtswissenschaften und vieler weiterer Bezugsdisziplinen für die Umsetzung ihrer Tätigkeit nutzt und sich oftmals auf diese bezieht. Der Sozialarbeiter kann durch die Anwendung der aus den Bezugsdisziplinen gewonnenen Erkenntnisse seine Kompetenzen und seinen Blickwinkel auf Situationen erweitern. Alle Bezugsdisziplinen erfüllen somit wichtige theoretische und praktische Beiträge für die Profession der Sozialen Arbeit (vgl. Erath, Peter: Sozialarbeitswissenschaften).

Soziale Arbeit ist selbstverständlich stets ein Kommunikationsablauf zwischen Sozialarbeiter und Klienten. Aufgabe des Sozialarbeiters ist es, seine Klienten zu unterstützen. Er erhält von diesen sozusagen ein Mandat, um tätig werden zu können. Allerdings empfängt der Sozialarbeiter zwangsläufig weitere Mandate. Somit ist er in einem Spannungsfeld zwischen mindestens zwei Mandaten tätig.

Denn während die Soziale Arbeit ihrem Selbstverständnis gerecht werden muss, ihren Klienten Unterstützung zu leisten, ist es gleichzeitig ebenso ihre Aufgabe, im Interesse der Gesellschaft zu handeln. Es ist somit die Gesellschaft selbst, die ein durchaus begründetes zweites Mandat an die Soziale Arbeit heranträgt, das darin besteht, Gefahren für die Gesellschaft abzuwenden oder zumindest abzumildern, um auf diesem Weg ihre Existenz sowie ihre permanente Reproduktion sicherzustellen (das impliziert eine eventuelle anteilige Schuld der Sozialen Arbeit an der Reproduktion von Missständen). Insofern erhält der Sozialarbeiter in seiner praktischen Tätigkeit nicht nur eine unterstützende, sondern zugleich eine kontrollierende Funktion. Durch dieses doppelte Mandat gerät der Sozialarbeiter in der Ausübung seiner Profession mitunter in divergierende Interessenskonflikte (Erath, Peter: Sozialarbeitswissenschaft).

Die Soziale Arbeit hat über Jahrzehnte eine beachtliche Anzahl von Methoden und Vorgehensweisen entwickelt, die in ihrer praktischen Umsetzung Menschen derart unterstützen sollen, dass sie ein menschenwürdiges Leben führen und an der Gesellschaft partizipieren können. Die drei klassischen Methoden der Sozialen Arbeit beinhalten die Einzelfallhilfe, die soziale Gruppenarbeit sowie die Gemeinwesenarbeit. Darüber hinaus hat sie mittlerweile unterschiedliche weitere Methoden entwickelt, wie beispielsweise die Supervision, die Straßensozialarbeit oder die sozialpädagogische Beratung, um nur einige wenige zu nennen (vgl. Galluske, Michael: Die Methoden der Sozialen Arbeit).

Heutzutage sind Professionelle der Sozialen Arbeit in den unterschiedlichsten Arbeitsbereichen tätig wie zum Beispiel der Alten-, Familien-, Kinder- und Jugend- sowie der Sozialhilfe, der Präventionsarbeit, der Resozialisierung, der Behindertenarbeit, der psychiatrischen Sozial- und der Krankenhausarbeit. Die Arbeitsfelder der Sozialarbeiter beschränken sich nicht nur auf gemeinnützige Gesellschaften und Vereine, die unter anderem Betreuungen ermöglichen oder andere sozialarbeiterische Aufgaben wahrnehmen. Sie arbeiten auch innerhalb staatlicher Institutionen oder als selbstständige Unternehmer. Zudem findet die Soziale Arbeit in den letzten Jahren vermehrt Einzug in Wirtschaftsunternehmen und Schulen.

Die Arbeit der Sozialpädagogen findet primär innerhalb oder aber zumindest gesteuert und kontrolliert von sogenannten Trägern statt. Diese Träger sind in öffentliche und freie Träger eingeteilt, eine Aufteilung, die auch in Italien existiert (dort werden Erstere als *enti pubblici* und Zweitere als *enti privati* bezeichnet). Öffentliche Träger sind staatliche Träger von Sozialleistungen, also beispielsweise das Sozialamt, die Agentur für Arbeit oder das Jugendamt, um die für diese Abhandlung Elementarsten zu nennen (in Italien das *ufficio comunale affari sociale*, das *ufficio di collacamento* und das *ufficio assistenziale giovanile*).

Die Aufgabe der öffentlichen Träger liegt vorrangig darin, über die Bewilligung von Leistungen zu entscheiden und deren Finanzierung innerhalb eines bestimmten Rahmens zu gewährleisten (meist bleibt ein erheblicher, selbst zu leistender Eigenanteil der Einrichtungen und freien Träger über). Außerdem füllen sie eine wichtige Kontrollfunktion aus. Sie ermöglichen den Einrichtungen die Ressourcen, die notwendig sind, um die vom Gesetz definierten Ziele mittels ihrer Leistungen zu erreichen. Damit diese Leistungen korrekte Anwendung finden, besitzen die öffentlichen Träger eine Kontrollfunktion gegenüber den freien Trägern, die mit ihnen zusammenarbeiten und von ihnen finanziert werden. In den letzten Jahren entwickeln sie sich zunehmend zu Kontrolleuren von Effizienz und Effektivität der angebotenen Leistungen, was viele negative Folgen nach sich zieht (vgl. Seithe, Mechthild: Schwarzbuch Soziale Arbeit).

Die sogenannten freien Träger sind den Ausführungen entsprechend keine staatlichen Einrichtungen. Freie Träger sind in der Regel gemeinnützige Unternehmen *(imprese sociale)*, Stiftungen *(fondazioni)*, Wohlfahrtsverbände, Vereine *(associazioni)* und eingetragene Vereine *(associazione riconosciute)*, die Leistungen in bestimmten Arbeitsbereichen innerhalb der Sozialen Arbeit anbieten und umsetzen (zwar gibt es auch Unternehmen, die gewinnorientiert arbeiten und kommerzielle Dienstleistungen im Sektor der Sozialen Arbeit anbieten, aber diese werden nicht als Träger bezeichnet). Es sind schließlich die freien Träger, die die nach ihrem Auftrag definierten Leistungen umsetzen, weshalb sie auch als Leistungserbringer bezeichnet werden. Im Jahr 2008 existierten in Deutschland gut 102.000

Einrichtungen freier Träger mit einer Kapazität von 3.700.000 Betreuungsmöglichkeiten (vgl. Papenheim, Heinz-Gert und Baltes, Joachim: Verwaltungsrecht für die Soziale Praxis).

Um einerseits die (Teil-) Finanzierung der Einrichtungen / Leistungen der freien Träger sicherzustellen und andererseits die von dem öffentlichen Träger beabsichtigte Qualität der von den freien Trägern zu erbringenden Leistungen zu garantieren, treten öffentliche und freie Träger in permanenten Kontakt und schließen Verträge ab, sogenannte Leistungsvereinbarungen. Diese sind notwendig, zumal in den Leistungsvereinbarungen unter anderem festgelegt wird, welche Leistungen zu erbringen und in welchem Maße diese zu vergüten sind (vgl. Seithe, Mechthild: Schwarzbuch Soziale Arbeit). Außerdem legen die freien Träger ihr Arbeitsfeld, die Art und Weise der Erfüllung ihrer Aufgaben, ihre Zielsetzungen und ihre Organisationsstruktur in den Vereinbarungen fest. Über jeden dieser genannten Aspekte können freie Träger bis zu einem gewissen Grad autonom entscheiden, weshalb sie nicht lediglich als Adjutanten der öffentlichen Träger anzusehen sind (vgl. Papenheim, Heinz-Gert und Baltes, Joachim: Verwaltungsrecht für die Soziale Praxis).

Die meisten freien Träger der Sozialen Arbeit in Deutschland gehören einem der sechs bundesweit tätigen Spitzenverbände an, als diese sind unter anderem die Arbeiterwohlfahrt (AWO), der Deutsche Caritasverband, der Paritätische Gesamtverband, das Deutsche Rote Kreuz, die Zentralwohlfahrtsstelle der Juden in Deutschland sowie das Diakonische Werk bekannt. Alle sechs Spitzenverbände stehen über die Bundesarbeitsgemeinschaft der Freien Wohlfahrtspflege miteinander in Verbindung (vgl. Papenheim, Heinz-Gert und Baltes, Joachim: Verwaltungsrecht für die Soziale Praxis).

Auch in Italien existieren derartige Träger, die auf nationaler Ebene aktiv sind. Zu nennen wären beispielsweise die Organisationen *Terra del Fuoco, Agesci* oder *Arci*. Letztgenannte ist eine soziale Organisation, die unterschiedliche kulturelle und soziale Angebote unter anderem im Resozialisierungsbereich und in der Kinder- und Jugendhilfe ermöglicht. Bei *Terra del Fuoco* handelt es sich um einen Bildungsträger, der unterschiedliche Projekte im Bildungsbereich anbietet, vordergründig Bildungsreisen. *Agesci* wiederum ist der *Associazione Guide e Scouts Cattolici Italiani*, gemäß der Übersetzung der Verein italienischer Pfadfinder. Natürlich gibt es auch in Italien großangelegte Träger, die als Dachverbände (*confederazioni*) für viele kleine Träger fungieren.[4]

1.2 Die Mafia

Organisierte Kriminalität wird sehr unterschiedlich definiert. Tatsächlich existieren Dutzende von Auslegungen für dieses Phänomen. Die USA waren einer der ersten Staaten, der den Begriff organisierte Kriminalität auf einer Rechtsgrundlage begründete. Auch Italien und Deutschland vertreten mittlerweile ähnliche Definitionen organisierter Kriminalität, in Deutschland fehlt es aber an effektiven Gesetzen. Eine der zutreffendsten Erklärungen des Phänomens organisierter Kriminalität formulierte meiner Meinung nach der US-amerikanische Kriminologe Howard Abadinsky:

> „Organized crime is a [geschäftlich gesehen] non-ideological enterprise involving a number of persons in close social interaction, organized on a hierarchical basis (...) for the purpose of securing profit and power by engaging in illegal and legal activities."[5]

Zu den Gruppen der organisierten Kriminalität zählen unzählige Organisationen und Clans aus den unterschiedlichsten Nationen. In vielen Fällen vereint der Name einer organisierten Kriminalität einer bestimmten Herkunft sogar mehrere eigenständige Gruppen, die nicht zwangsläufig miteinander in Verbindung stehen. So beispielsweise auch im Fall der sogenannten IOC, der Italian Organized Crime, der italienischen organisierten Kriminalität. Sie umschreibt die aus Italien stammenden kriminellen Organisationen wie unter anderem die 'Ndrangheta, die Camorra, die Sacra Corona Unità, die Stidda und natürlich die sizilianische Mafia. Sie agieren geschäftlich miteinander und kooperieren untereinander, aber dennoch stellt jede Organisation eine autonome Gruppierung dar, die wiederum in viele kleinere, mehr oder weniger autonom handelnde „Clans" unterteilt ist.

Wie aus dem Namen zu schließen, hat die sizilianische Mafia ihre Wurzeln in Sizilien. Entstanden ist sie allen Hinweisen nach Anfang des 19. Jahrhunderts. Über die Bedeutung des Wortes Mafia wissen wir heutzutage nur sehr wenig, des Öfteren widersprechen sich Versuche einer Übersetzung. Auch Entstehungsgeschichten der Mafia sind zumeist spekulativer, manchmal sogar folkloristischer oder mythologischer Natur. So führen manche die Entstehung der Mafia auf eine Gruppe namens *Beati Paoli* zurück. Diese war den historischen Erzählungen entsprechend eine mysteriöse Gruppe, die im mittelalterlichen Palermo ungerechte und raffgierige Mächtige bestrafte, indem sie diese ermordete. Die historischen Beweise für eine Existenz der *Beati Paoli* sind mehr als umstritten, vielmehr handelt es sich bei der Gruppe wohl um einen Mythos. Sicher ist, dass sich keinerlei

Beweis für eine reale Verbindung zwischen Mafia und *Beati Paoli* finden lässt (vgl. Schneider, Pete und Jane: Reversible Destiny).

Die Mafia propagiert entsprechende Geschichten und vermeintliche Verbindungen zu bereits vorhandenen Mythen, die ihr eine Identität verleihen sollen, unablässig. Oder sie erfindet einfach solche. Eine ernst zu nehmende Entstehungsgeschichte ist vom heutigen Standpunkt aufgrund der genannten Umstände kaum noch zu erforschen. Es existieren lediglich viele mehr oder weniger logische Theorien und Vermutungen. Die Mafia, so scheint es, ist in erster Linie über ihre Taten zu erkennen (vgl. Dickie, John: La Cosa Nostra), doch diese sagen nichts über ihre Entstehung aus, hingegen umso mehr über den Entwicklungsverlauf der Organisation.

Historisch lässt sich eine Zunahme der Aufzeichnungen krimineller Aktivitäten in Sizilien ab Mitte bis Ende des 19. Jahrhunderts nachvollziehen: Handlungen Krimineller, die Menschen erpressten, Gelder und Schulden eintrieben, den Schwarzmarkt organisierten und sich an anderweitigen illegalen Geschäften beteiligten, illegales Gut schmuggelten und nicht davor zurückschreckten, ihre Gegner einzuschüchtern, mit brutaler Gewalt gegen sie vorgingen bis hin zu zahlreichen Ermordungen. Sie fühlten sich Gruppen einer Organisation zugehörig, die sie unterschiedlich benannten. Riten und Regeln innerhalb der Gruppen unterschieden sich nicht, was eine tatsächlich vorhandene Zusammengehörigkeit markiert. Die bestehenden Riten sollten unterschiedliche Zwecke erfüllen wie beispielsweise der Ritus der Initiation, der primär dazu dient, neue Mitglieder in einer der Organisationsgruppen aufzunehmen.

Zur Aufnahme muss der Initiant einen Schwur leisten, ihm wird in den Finger gestochen, Blut auf ein Heiligenbildchen geträufelt und dieses anschließend verbrannt. Noch heute führt die Mafia diese Form der Aufnahme neuer Mitglieder durch (sie dient unter anderem der Schaffung einer eigenen, elitären Identität und der Stärkung des Zusammengehörigkeitsgefühls), weshalb man sie einwandfrei mit den kriminellen Gruppierungen des 19. Jahrhunderts in Verbindung bringen kann. Interessant scheint auch, dass die Mafia parallel zu ihrer internationalen Verbreitung auch ihre Riten und Regeln in ausländische „Zweigstellen" übernahm (vgl. Dickie, John: La Cosa Nostra).

Der Mafia, wie wir sie aus historischen Quellen und ihrem Auftreten heutzutage kennen, geht es in erster Linie um das Beschaffen von Geldern und letztendlich um das Anhäufen von finanziellem Reichtum. Zur Erreichung ihres Ziels, betätigen sich die Mitglieder der Organisation in den unterschiedlichsten legalen und illegalen Geschäftsbereichen. Tatsächlich ist die Mafia (und viele ihrer Schwesterorganisationen) für ihre innovative Fähigkeit, neue Arbeits- und Geschäftsfelder zu erschließen, berühmt und berüchtigt. Traditionelle Tätigkeitsfelder der kriminellen Organisation sind Verbrechen im ländlichen Umfeld wie beispielsweise Viehdiebstahl, einschließlich der Schlachtung und des Vertriebs des illegalen Fleisches, Handel mit Obst und Gemüse unter anderem auf lokalen Märkten, Schmuggel, vor allem von Zigaretten, Handel auf dem Schwarzmarkt sowie die Vergabe von Schutz und die Vermittlung zur Lösung von Problemen.

Vorrangig umfasst die Vergabe von Schutz einen wichtigen Arbeitsbereich der Mafia. Sie betreibt dieses Geschäft seitdem wir von ihr Kenntnis haben – und zwar bis heute. Vor mehr als hundert Jahren präsentierte sie sich den Mächtigen als Schutz vor Banditen (während die Mafia selbst meistens mit den Banditen in Verbindung stand) und benachteiligten, aufständischen Bauern. Die Mächtigen sahen in den Mafiosi einen Schutzwall gegen die für sie unbequem in Erscheinung tretenden Personen, sie engagierten viele der Mitglieder als ihre Wächter. Gleichzeitig schützte nicht nur die Mafia die Mächtigen, sondern die Mächtigen auch ihre Wächter und zwar mittels ihrer Macht und ihres daraus resultierenden Einflusses. Aus dieser Position konnte die Mafia ihren eigenen Einfluss, ihre Macht und ihren Reichtum immer weiter ausbauen und das besonders mit Unterstützung durch die existierende Elite (vgl. Lupo, Salvatore: Die Geschichte der Mafia).

Heutzutage, in einer Zeit, in der die Mafia längst internationales Gewicht erlangt hat, ist sie durchaus in der Lage, entsprechende Verbindungen zu Personen in Machtpositionen zu perfektionieren. Im eigentlichen Sinne bildet sie wahre Interessensgemeinschaften, die aus Vertretern der Politik, der Wirtschaft, der Freimaurer, der Mafiabosse und verschiedener anderer Kräfte bestehen:

> „"...die Macht des Mafioso entspringt auch einem Netzwerk aus speziellen Allianzen und Protektionen im politischen Bereich, das dazu beiträgt, ihn zu schützen."[6]

Diese Zweckgemeinschaften bieten der Mafia bis heute essentiellen Schutz vor jeder Form von Repressalien. Im Gegenzug erhalten die Mitglieder dieser Netzwerke, die sich außerhalb der Mafia befinden, gezielte und erwünschte Vergünstigungen von der kriminellen Organisation (zum Beispiel Wahlstimmen für Politiker). Außerdem sind viele Geschäfte wie beispielsweise der moderne Subventionsbetrug lediglich mittels gut funktionierender Netzwerke sowie durch Absprachen mit Personen, die an Schaltstellen der Verwaltung tätig sind, möglich.

Doch die Mafia vermittelt und „schützt" bis in die heutige Zeit auch auf anderen Ebenen. Unternehmen, die in von der Mafia kontrollierten Regionen ansässig werden, müssen regelmäßige Abgaben an die Mafia als eine Art Schutz vor Bedrohung zahlen. Nicht außer Acht lassen darf man, dass die Bedrohung von der

Mafia selbst ausgeht oder sie direkt mit dem Urheber der Bedrohung in Kontakt steht. Weigert sich ein Unternehmer zu zahlen, kommt es zu zahlreichen Störungen in seinem Betrieb wie beispielsweise die Tatsache, dass Mitarbeiter ohne erkennbaren Anlass kündigen. Man findet keine neuen Angestellten und niemand kauft mehr bei dem Betroffenen ein. Spitzel werden in das Unternehmen eingeschleust, die den gesamten Betrieb von innen heraus sabotieren. Betroffene erhalten per Brief oder Telefon seltsame Nachrichten. Nicht selten werden die Reifen des Autos zerstochen oder der fahrbare Untersatz komplett angezündet. Betroffene sowie Angehörige werden verfolgt und der Mafia nahe stehende Menschen (meistens weiß man davon vorher nichts), die sich im Umfeld des Erpressten bewegen, raten dem Opfer, sich dem Willen der Erpresser zu fügen. Widersetzt man sich mit Beharrlichkeit, wird das betroffene Unternehmen mittels Brandstiftung zerstört. So oder in ähnlicher Weise verläuft eine Erpressung bei Weigerung von Schutzgeldzahlungen.[7]

Doch bei weitem nicht alle Unternehmen, die Schutzgeldzahlungen leisten, sind tatsächlich Opfer von Erpressungen, denn das Zahlen des monatlichen oder wöchentlichen Tributs an die Organisation kann auch ganz konkrete Vorteile für ansonsten legal arbeitende Unternehmen mit sich bringen. Die Mafia kümmert sich im Fall von regelmäßiger Zahlung und Beachtung der von ihr vorgegebenen geltenden Spielregeln um vielfältige Probleme eines Unternehmens, so wie drohende Streiks, fehlende Genehmigungen unterschiedlicher Art, mangelnde Anerkennung bei der Bevölkerung oder begehrten und zugleich notwendigen Zugang zu den regionalen Märkten. Außerdem verhindert die Mafia effektiv Einbrüche oder massive Diebstähle. Zahlreiche Unternehmen entrichten ihre Zahlungen angesichts dieser Vorteile freiwillig. In einem derartigen Fall von Erpressung zu sprechen, scheint mehr als unglaubwürdig (vgl. der Fall Grigoli, in: Mugno, Salvatore: Matteo Messina Denaro).

Doch meistens muss ein Unternehmen außer der Zahlung des Schutzgeldes von der Mafia festgelegte Verpflichtungen eingehen. Es handelt sich dabei um Absprachen, aus denen die Organisation auf unterschiedliche Art Nutzen schlagen kann. Manche Geschäfte der kriminellen Organisation werden erst durch diese Kooperation zwischen Unternehmen und Mafia möglich wie beispielsweise die mafiöse Infiltration von Supermarktketten zu ihrer Nutzung als Geldwäscheeinrichtung, zum Verkauf illegaler Güter, insbesondere auch gefälschter Waren, zur Kontrolle der Arbeitsplätze und zum Erwirtschaften von legalem Kapital.

Gerade die Unterwanderung von Supermarktketten durch die Mafia ist in den letzten Jahren forciert worden, was unter anderem der ehemalige Mafiaboss und Kronzeuge Antonino Giuffrè konkretisierte:

„Eine Kette von Supermärkten ohne die Unterstützung oder das Interesse der Cosa Nostra kann nicht entstehen oder wachsen."[8]

Bis heute ist die Mafia zudem im Drogen- und Waffenhandel sowie im Baugewerbe tätig. Sie kontrolliert Bauunternehmen und betreibt Subventionsbetrüge. Zunehmend konzentriert sich die Mafia auch darauf, legale Unternehmen zu erwerben um mittels deren rechtlich fundierten Existenz legales Geld generieren zu können, auf diese Weise in die legale Wirtschaft einzusickern und diese zu unterwandern (vgl. Lupo, Salvatore: Die Geschichte der Mafia).

Um die umfassende Vielzahl an Geschäften und Aktivitäten koordinieren und umsetzen zu können, hat die Mafia eine beachtliche Reihe von Strukturen und Hierarchien entwickelt. Die kleinste Basis der Mafia wird als *cosca* oder Familie bezeichnet, sie herrscht über ein bestimmtes Gebiet, meist ein Dorf, ein Viertel oder den Teil eines Viertels einer Stadt. Die Basis einer *cosca* bilden die normalen Mitglieder, auch Soldaten genannt, die sowohl Geschäfte selbstständig organisieren oder gemeinhin Befehlsempfänger ihrer Bosse sind. Die Bosse sind die sogenannten *capi-decine (Sg. capo-decina)*, die Generäle der Zehn, die jeweils eine Gruppe von zehn bis fünfzehn Personen befehligen. Darüber hinaus hat die Mafia weitere Hierarchien und Strukturen ausgebildet, um auf provinzieller, nationaler und internationaler Ebene effektiver tätig werden zu können.[9]

Die *capi-decine* erhalten ihre Befehle vom Führungsstab einer *cosca*. Dieser Stab besteht primär aus dem *capo-famiglia*, dem Boss einer Familie. Dieser wird den Vorgaben der Organisation entsprechend von allen Mitgliedern der *cosca* demokratisch gewählt, jedoch steht meistens schon vor den Wahlen fest, wer dieses Amt bekleiden wird. Der *capo-famiglia* ernennt daraufhin einen Vertreter, den *vice-capo*, mit dessen Hilfe, abhängig von der Anzahl der Mitglieder der *cosca*, bis zu drei Berater, die *consigliere*, bestimmt werden. Handlanger, Geschäftspartner, Helfershelfer und andere Personen, die mit der Mafia kooperieren und auf vielfältige Art und Weise mit ihr zusammenarbeiten sind nicht in die Strukturen der Organisation eingebunden. Vielmehr verfügt jedes Mitglied über seine eigenen, spezifischen Kontakte, die es mitunter mit anderen Mitgliedern teilen muss (vgl. Thamm, Bernd Georg und Freiberg, Konrad: Mafia Global).

Aufgrund unterschiedlicher Geschäftsinteressen kommt es oft zu mafiainternen Konflikten. Im Laufe der uns bekannten Geschichte der Organisation war dies immer wieder der Fall, so auch im sogenannten ersten Mafiakrieg von Palermo in den 60er Jahren. Die unterschiedlichen Fraktionen der Mafia massakrierten sich gegenseitig aufgrund divergierender Interessen im Drogenhandel (vgl. Dickie, John: La Cosa Nostra). Die Mafiafamilie Greco hatte intern gegensätzliche Interessen auf dem lokalen Markt für Zitrusprodukte, welche Ende der 40er Jahre zu einem extremen Krieg führten, der vielen von ihnen das Leben kostete (vgl. Lupo, Salvatore: Die Geschichte der Mafia). Solche Konflikte weiten sich bei fehlender Einigung oder Schlichtung rasant aus und werden zu wahren Kriegen, in denen sich Menschen erschießen, erstechen, entführen, strangulieren und in die auch Unbeteiligte immer wieder unfreiwillig involviert werden.

Heutzutage ist die sizilianische Mafia in vielen Ländern der Welt aktiv. Natürlich befindet sich ihre Basis, ihre Heimat immer noch in Sizilien, aber vor allem in Nordamerika und in Südamerika betreiben Mitglieder der Mafia vermehrt kriminelle Geschäfte. Außerhalb ihrer Heimat sind in Europa vor allem Norditalien, Spanien und Deutschland Ziele der sizilianischen Mafia. In Deutschland besitzt sie diverse wichtige Aktionszentren, das größte befindet sich nach bisheriger polizeilicher Erkenntnis in Köln (vgl. Forgione, Francesco: Mafia Export).

Zudem bildet die Mafia mit den unterschiedlichsten anderen kriminellen Organisationen Zweckgemeinschaften, um ihre Geschäfte effektiver realisieren zu können:

> „Außerdem sind Verbindungen [der italienischen organisierten Kriminalität] mit ähnlichen Organisationen in Ost-Europa, in der Türkei und in Südamerika, sowie auf dem holländischen Markt für synthetische Drogen ans Licht gekommen."[10]

Im Jahr 2009 wurde die Anzahl der Mitglieder der sizilianischen Mafia auf 5.500 Personen geschätzt, die gemeinsam etwa 55 unterschiedliche *cosche* bilden (vgl. Confesercenti: Rapporto XII). Diese stehen permanent mit den unterschiedlichsten Personen wie Kontaktleuten, Geschäfts- und Interessenspartnern sowie Helfern und Helfershelfern in Kontakt. Die tatsächliche Anzahl der Personen, die für die Mafia arbeiten, ist demnach deutlich höher. Mitunter wissen Handlanger selbst nicht, dass sie der Mafia zuarbeiten.

1.3 Die Antimafia-Bewegung

Als Antimafia-Bewegung werden Gruppierungen, Institutionen, Organisationen, politische Parteien, kirchliche Einrichtungen und ebenso Einzelpersonen unterschiedlicher beruflicher Herkunft bezeichnet, die es sich zur Aufgabe gemacht haben, gegen organisierte Kriminalität mittels unterschiedlicher Methoden auf legalem und gewaltfreiem Wege vorzugehen. Um eine Einschränkung der organisierten Kriminalität zu verwirklichen, bedient sich die Bewegung diverser, zielgerichteter Methoden und daraus entwickelter Vorgehensweisen. Einige von ihnen werden im weiteren Verlaufe der Arbeit näher erörtert. In erster Linie besteht die Bewegung aus Politikern, Polizisten, Ermittlern und Staatsanwälten, aber auch aus Vereinen, Gruppen, kirchlichen Einrichtungen und diversen anderen Organisationen. Staatliche Antimafia-Organisationen beruhend auf judikativer, exekutiver und legislativer Basis (Ermittler, Gesetze, Staatsanwälte) unterscheiden sich in Europa landesintern sehr voneinander.

Eine Antimafia-Bewegung auf zivilgesellschaftlicher Ebene hat bislang in Europa noch keine effektive Grundlage. Tatsächlich findet man eine zivilgesellschaftliche Antimafia-Bewegung nur sehr punktuell ausgeprägt, entsprechend konzentriert sich lediglich eine Organisation (FLARE) auf die Vernetzung der Antimafia-Arbeit in Europa. In Deutschland existiert nur ein Verein (Mafia? Nein Danke!), der derzeitig vorrangig in den Regionen Berlin und Mannheim tätig ist. Außerdem gibt es wenige deutsche Journalisten, die über mafiöse Machenschaften informieren (beispielsweise Jürgen Roth und Petra Reski).

In Italien ist die Antimafia-Bewegung deutlich effektiver vertreten als in den anderen Ländern Europas. Dort existieren auf staatlicher Ebene entsprechend ausgerichtete Gesetze, geschulte Untersuchungsrichter (in Deutschland ungefähr mit Staatsanwälten vergleichbar) und gezielt zur Bekämpfung der organisierten Kriminalität geschaffene Einrichtungen der Polizei (vor allem *Direzione Investigativa Antimafia, Direzione Distrettuale Antimafia* und *Direzione Nazionale Antimafia*).[11] Auf zivilgesellschaftlicher Ebene zeigt sich in Italien eine Antimafia-Bewegung, bestehend aus unterschiedlichen Organisationen und Gruppierungen mit den Möglichkeiten differenzierterer Vorgehensweisen, die deshalb wesentlich flächendeckender arbeiten kann.

Tatsächlich finden sich seit Bestehen der Mafia ständig Gegner, die die Organisation bekämpfen, während der Staat oft wie in stiller Kooperation agiert. Informationen über Personen, die sich mit legalen, menschenwürdigen Mitteln gegen diese Organisationen zur Wehr gesetzt haben, kann man bis in das 19. Jahrhundert zurückverfolgen. Aber von einer Bewegung war bis Ende der 70er, Anfang der 80er Jahre des 20. Jahrhunderts nicht zu sprechen (vgl. Lupo, Salvatore: Die Geschichte der Mafia).[12]

Mindestens bis Anfang der 80er Jahre hatten so gut wie alle, die von staatlicher oder zivilgesellschaftlicher Seite gegen die Mafia vorgingen, eine Sache gemeinsam: Sie standen in ihren Bemühungen sehr isoliert da. Mächtige Einzelpersonen fanden im Endeffekt keine Unterstützung durch die breite Masse und ebenso keine Verbündeten aus den eigenen Reihen, während zahlenmäßig stärkeren Gruppen die Unterstützung durch die Mächtigen fehlte, weil ihre Mitglieder meistens aus politisch oppositionellen Lagern stammten (vgl. die Aufstände der *fasci siciliani* Ende des 19. und Anfang des 20. Jahrhunderts, die Geschichte der Zeitung *L'Ora* in den 50er Jahren oder die Bauernaufstände im Sizilien der Nachkriegszeit, in: Dickie, John: La Cosa Nostra).

Umstände und Faktoren, die die Antimafia blockierten, änderten sich erst vor etwa dreißig Jahren. Während zuvor alle Versuche die Mafia in ihrer politischen, wirtschaftlichen und sozialen Macht zu beschränken, durch Ablenkung oder mit Gewalt niedergeschlagen worden waren, sollten ihr schließlich ihre eigenen Handlungsschemata zum Verhängnis werden. Denn Ende der 70er Jahre entwickelte sich in Palermo ein interner Krieg der Mafia, der sich über die ganze Insel ausbreiten und bis Mitte der 80er Jahre andauern sollte. Grund für diesen Krieg war ein mafiainterner Aufstand. Weniger mächtige Familien verbündeten sich unter dem Banner der aus Corleone (nahe Palermo) stammenden Mafia und eröffneten einen Krieg gegen die etablierten, an dem Schalter der Macht und des Geldes sitzenden Familien.

Der siegreiche Teil der Mafia, die Emporkömmlinge aus Corleone sowie ihre Verbündeten errichteten Vernichtungsräume in Garagen, Bungalows und Fabrikgebäuden, in denen Zielpersonen ermordet, anfangs verbrannt und später in Säure aufgelöst wurden (vgl. Stille, Alexander: Die Richter). Opfer, die sie nicht in einen Hinterhalt locken konnten, wurden auf offener Straße erschossen. Wieder andere wurden stranguliert, um post mortem vor einem der Polizeireviere Palermos abgeladen zu werden, einer Art Provokation entsprechend einer nicht misszuverstehenden Botschaft an den italienischen Staat. In den Jahren 1980 bis 1982 stieg die Mordrate auf Sizilien aufgrund von Mafiataten von 50 bis 80 auf insgesamt 300 Morde im Jahr an (vgl. Kienzle, Birgit und Galluzzo, Maria-Teresa: Frauen gegen die Mafia). Diese Zahlen beziehen sich nur auf die bewiesenen Morde, nicht auf die vielen Menschen, die spurlos verschwanden und bis heute nicht wiedergefunden wurden.

Die Bewohner Siziliens zeigten Entsetzen über das, was sie miterleben mussten. Die Mafia wurde mit Recht unablässig mit entsetzlichen Taten in Verbindung gebracht. Mit ihrer hemmungslosen Gewaltbereitschaft überstrapazierte sie die Geduld vieler Bewohner Siziliens. Viele wollten sich nicht mehr zu unfreiwilligen Mittätern machen lassen, wenn sie einen Mord beobachtet hatten, der Polizei gegenüber jedoch danach schweigen oder anderweitig die Mafia begünstigten. Und ebenso wollten zahlreiche Menschen nicht weiterhin über den Tod oder das Verschwinden ihrer Verwandten und Freunde schweigen. Viele waren bestrebt, dem Treiben der Mafia konse quent ein Ende zu setzen:

> „Der Druck [durch die Mafia] wurde so stark, daß vielen Menschen selbst der Tod durch Killerkugeln weniger schrecklich erscheint als das Weiterleben unter solchen Umständen."[13]

Doch ebenso zahlreich waren die Menschen, die nicht wussten, wie sie gegen die Mafia vorgehen konnten.

Die Mafia reagierte auf diese Veränderungen mit verstärkter Gewalt. So ermordete sie in der folgenden Zeit den Capitano der Carabinieri von Monreale namens Emanuele Basile, den Vorsitzenden der damals einflussreichen Partei *Democrazia Cristiana* in Sizilien namens Piersanti Mattarella, der sterben musste, weil er die Partei reformieren wollte, den Sekretär derselben Partei für Sizilien namens Michele Reina, den Oberstaatsanwalt von Palermo Cesare Terranova sowie den Vorsitzenden der kommunistischen Partei in Sizilien namens Pio La Torre und seinen Bodyguard Lenin Mancuso (vgl. Lodato, Saverio: Trent'anni di mafia).

Als Reaktion auf die Morde schickte der italienische Staat einen General nach Sizilien, Alberto Dalla Chiesa, der sich bereits in *Corleone* als Mafiajäger einen Namen gemacht hatte. Doch Dalla Chiesa blieb nur für sechs Monate, politisch vernachlässigt und nicht mit den versprochenen Befugnissen ausgestattet, war er der Mafia schutzlos ausgeliefert. Am 03.09.1982 wurde er zusammen mit seiner Ehefrau von Killern der Mafia erschossen. Mit den Morden an Terranova, La Torre, Mattarella, Basile, Dalla Chiesa und Reina begann die Mafia einen wahrhaft militärischen Feldzug gegen den italienischen Staat, der vielen Ermittlern, Untersuchungsrichtern, anderen Repräsentanten des Staates, aus der Zivilbevölkerung stammenden Mafiagegnern und auch vollkommen unbeteiligten Menschen das Leben kostete (vgl. Lodato, Saverio: Trent'anni di mafia).

Doch der größte Teil der sizilianischen Bevölkerung reagierte auf die Morde an Staatsrepräsentanten mit Abscheu, keineswegs mit der von der Mafia erhofften Angst. Und diese Menschen begannen, sich zu organisieren. Durch die sich nun großflächig ausweitende Antimafia-Bewegung bekamen viele der aufgeschreckten und nicht mehr mit der Mafia sympathisierenden Menschen die Möglichkeit, sich gegen die kriminelle Organisation zu engagieren. Viele Menschen nutzten die neu gewonnene Möglichkeit. Damals gewann die Antimafia-Bewegung so viele Mitglieder und entsprechende Aufmerksamkeit wie noch nie zuvor. Viele neue Organisationen und bis dahin unbekannte Gruppierungen entwickelten sich. Einige von ihnen sind bis heute ein wichtiger Bestandteil der Bewegung.

Aufgrund des großen Medieninteresses, der Aufmerksamkeit der Bevölkerung und der sich neu entwickelnden Antimafiagruppierungen sahen sich auch große Teile der Kirche, der italienischen Politik (wenn auch lediglich aus Angst um ihre Wahlstimmen) und des italienischen Staates gezwungen, die Antimafia-

Bewegung zu unterstützen. Im Klima des zweiten Mafiakrieges sowie der strategischen Morde an Repräsentanten des Staates änderte sich für die Mafia einiges, denn zum ersten Mal in der italienischen Geschichte entwickelte sich eine effektive, vielschichtige und effiziente Antimafia-Bewegung. Damals hatten viele Italiener die Hoffnung, dem Morden der Mafia könne man nun ein Ende setzen. Aber ebenso viele Menschen vertraten die Einschätzung, dass der italienische Staat angesichts der von der Mafia ausgehenden Bedrohung machtlos sei.

Daher stand der Staat unter Beweisnot, dass er in der Lage und auch gewillt sei gegen die Mafia vorzugehen. Obwohl er im Regelfall der Mafia gegenüber bestenfalls passiv reagierte und schlimmstenfalls offen-kooperativ agierte, handelte er in der damaligen Situation tatsächlich konstruktiv gegen die kriminelle Organisation. Wie so oft in der italienischen Geschichte griff der Staat damals auf Gesetzesentwürfe und Vorschläge eines von der Mafia Ermordeten zurück, nämlich auf die des kommunistischen Politikers Pio La Torre. Noch zu dessen Lebzeiten formulierte er Ideen und Vorschläge für mehrere Gesetzesentwürfe. 1982 wurde er aus vielschichtigen Gründen von der Mafia erschossen (vgl. Palazzolo, Salvo: I pezzi mancanti). Nun entschied sich der Staat, seine Ideen in die Realität umzusetzen.

Für die Mafia stellten die neu verabschiedeten Gesetze nicht nur eine ungewohnte Beleidigung, sondern gleichzeitig eine ernsthafte Bedrohung dar. Denn La Torre setzte da an, wo die Mafia am empfindlichsten getroffen werden kann. Durch das *La Torre Gesetz* wurde die Mafia als kriminelle Organisation definiert und der Straftatbestand der Mitgliedschaft in einer mafiösen Vereinigung in das Gesetzbuch aufgenommen. Aber vor allem erhielt der Staat das Recht, alle illegal erworbenen Gelder und Güter eines Mafiamitgliedes einzuziehen um sie zu beschlagnahmen (vgl. Dickie, John: La Cosa Nostra).

Die Mafia hielt in der folgenden Zeit an ihrer Strategie des Terrors fest. Aus Angst vor den sich gegen die Mafia konstituierenden Kräften in der Bevölkerung und im Staat sowie aus der Wut über die neuen Gesetze versuchte sie weiterhin mittels einer Strategie des Terrors sowie systematischer Verbreitung von Angst, die Bevölkerung und die Politik Italiens zu kontrollieren und darüber hinaus zu reglementieren. Insbesondere die Tatsache, dass interne Aussteiger und Kronzeugen kontinuierlich Interesse bei den Vertretern des Staates sowie bei der Bevölkerung weckten, verschärfte die Situation aus Sicht der Mafia maßgeblich.

In den folgenden Jahren wurden in ganz Sizilien Dutzende von Staatsvertretern und Antimafia-Aktivisten skrupellos von der Organisation ermordet. Auf dem italienischen Festland beteiligte sich die Mafia an Bombenanschlägen, die viele unbeteiligte Menschen in den Tod rissen. Indem sie ihre Beteiligung verschleierte, versuchte die Mafia, die Aufmerksamkeit der Bevölkerung von ihren Machenschaften auf die Taten und Vorhaben der offensichtlichen Urheber (in erster Linie rechtsradikale, italienische Terroristen) der Anschläge zu lenken (vgl. Lodato, Saverio: Trent'anni di mafia).

Doch jeder neue Mord, jeder neue Bombenanschlag und jedes weitere Massaker vergrößerte die Kluft zwischen der Mafia und der Bevölkerung Italiens. Letztendlich trieb sie durch ihr Handeln die Menschen in die Arme der Gegenbewegung. Ende der 80er und Anfang bis Mitte der 90er Jahre erreichte die Antimafia-Bewegung in Italien ihren absoluten Höhepunkt.

Seit Anfang der 80er Jahre hatten einige Untersuchungsrichter und Ermittler ernsthaft beschlossen, gegen die Mafia vorzugehen, indem sie ihre Verbrechen aufzudecken versuchten. Sie schlossen sich zusammen und verfolgten zuvor unbeachtet gebliebene Spuren, berücksichtigten aber auch bereits gewonnene Informationen und relevante Ermittlungen ihrer Vorgänger. Aber der größte Vorteil dieses Antimafia-Pools bestand darin, dass nun die Ermittlungsergebnisse von mehr als einer Person eingesehen wurden, während es bisher Normalität war, dass ein Untersuchungsrichter autark Ermittlungen koordinierte. Fiel dieser weg, beispielsweise durch Ermordung, brachen damit zeitgleich alle Ermittlungen ein.

Im Jahr 1986 verzeichnete der Antimafia-Pool die wohl größten Erfolge, die je gegen die Mafia errungen werden konnten (mit Unterstützung wichtiger Kronzeugen, die gegen die Organisation aussagten). Zwar hatte es die Mafia geschafft, mehrere Mitglieder zu ermorden, aber dem Pool war es gelungen, eine umfassende Anklage gegen die kriminelle Organisation als Einheit vorzubereiten. Diese Anklage wurde schließlich vor Gericht gebracht, mehr als 355 Mafiosi wurden verhaftet, 119 der Angeklagten befanden sich in Folge auf der Flucht. Es folgte der größte Prozess, der bis dato je in der Geschichte Europas gegen eine kriminelle Organisation ausgetragen wurde, bekannt als der Maxi-Prozess. Dieser Prozess endete schließlich mit der Verurteilung von 344 Mafiosi, viele davon zu lebenslangen Haftstrafen. Vor allem wurde durch diesen Prozess zum ersten Mal in der Geschichte Italiens sowie der Mafia gerichtlich bewiesen, dass eine Mafia existiert und Verbrechen begeht. Im Jahre 1992 wurden die Urteile des ersten Maxi-Prozesses schließlich in dritter und letzter Instanz rechtskräftig.

Die Mafia reagierte auf diese endgültige Verurteilung mit der Erschießung zweier Politiker, die sich ihr als Garant für ein Scheitern des Prozesses ausgegeben hatten (Salvo Lima und Ignazio Salvo). Dieses Versprechen hielten beide nicht ein und mussten deshalb sterben. Parallel dazu begann die Mafia eine Säuberungsaktion gegen ihre Kritiker. Am 23.05.1992 sprengte sie den Untersuchungsrichter Giovanni Falcone, dessen Ehefrau und Eskorte in die Luft, am 19.07.1992 dann

Falcones Kollegen Paolo Borsellino samt Bewacher.[14] Mit diesen Morden hatte die Mafia ein für alle Mal den Bogen überspannt. Es kam zu Massendemonstrationen. Die Bevölkerung positionierte sich vereint gegen die Mafia. Es folgten massive Verhaftungswellen, immer mehr Menschen stiegen aus der kriminellen Organisation aus und waren zu Aussagen bereit. Die Mafiosi jedoch ließen nicht von den erlernten Verhaltensweisen ab: Sie versuchten mit einer Serie von brutalen Bombenanschlägen auf dem italienischen Festland die Kontrolle zurückzuerlangen. Aber durch die erneuten und massiven Bluttaten schaufelte sich die Mafia langfristig beinahe ihr eigenes Grab.

Natürlich war es nur eine Frage der Zeit, bis die Mafia diese Tatsache begriff. Mittlerweile ist es vordergründig ruhiger um die Organisation geworden. Jedes Jahr geschehen Morde, die auf das Wirken der Mafia zurückzuführen sind, aber spektakuläre Anschläge gab es so gut wie keine mehr (mit Ausnahme der Ermordung des Bürgermeisters von Caccamo, einer Kleinstadt in der Nähe Palermos, Anfang des neuen Jahrtausends). Natürlich ist die Existenz der Mafia weiterhin unumstritten, sie hat jedoch Veränderungen durchlaufen, ist stiller geworden, organisiert ihre Geschäfte im Untergrund und vermeidet nach Möglichkeit interne Konflikte sowie Morde. Der Wandel im Verhalten der Mafia hatte folgerichtig konkrete Auswirkungen auf die Antimafia-Bewegung. Denn seitdem es stiller um die Mafia geworden ist,[15] wird auch der Antimafia-Bewegung weniger Beachtung geschenkt (Longrigg, Claire: Der Pate der Paten).

In den 80er und 90er Jahren wurden die Wurzeln für eine großflächige Bewegung gelegt, die über die Tätigkeit von Einzelpersonen oder von Entmachteten hinausging und die über Jahre hinweg auf unterschiedlichen Ebenen sowohl politisch, wirtschaftlich, sozial, legislativ, judikativ als auch exekutiv tätig sein konnte. Bis heute existiert eine ausgeprägte Antimafia-Bewegung in Italien. Die von der Mafia geprägte Zeit scheint elementare Dinge in dem Bewusstsein, in der Haltung der Menschen geändert zu haben:

> „Wenn früher jemand in Palermo erschossen wurde, haben die Menschen schnell die Läden geschlossen und gesagt, sie hätten nichts gesehen. Heute laufen sie auf die Straße, stellen sich als Zeugen zur Verfügung und demonstrieren gegen die Mafia..."[16]

Den genannten Änderungen im Bewusstsein ist es wohl zu verdanken, dass die Gründung der Bewegung ermöglicht wurde und nun ihr Fortbestehen gesichert wird.

Die meisten der heute existierenden Gruppen begründen ihre Entstehung, ihre Methoden und Vorgehensweisen auf den Erfahrungen der Antimafia in der Zeit der 80er und 90er Jahre. Sie organisieren Projekte und Demonstrationen, unterstützen Hinterbliebene und Betroffene von Mafiaverbrechen. Sie sorgen für Aufklärung, decken Hintergründe von dubiosen Unternehmen, Geschäften, Abkommen und diversen Verbrechen auf. Ihr Ziel ist es, der organisierten Kriminalität und deren Auswirkungen entgegenzuwirken. Sie will gemeinsam mit den Menschen, die über lange Jahre mit den Folgen der brutalen Kriminalität der Mafia leben mussten, eine neue Werteorientierung schaffen, die sie in eine sozial und demokratisch orientierte Gesellschaft hineinwachsen lässt. Auf unterschiedliche Gruppen der Antimafia-Arbeit in Italien, vornehmlich derer Siziliens sowie auf ihre Projekte und ihre Tätigkeiten heutzutage wird in den nächsten Kapiteln eingegangen.

2 Sensibilisierung der Bevölkerung

Nun folgt eine Darstellung der meines Erachtens wichtigsten Aufgabengebiete der Antimafia-Bewegung einschließlich ihrer integrierten Einrichtungen und Organisationen. Gleichzeitig wird analysiert, ob und gegebenenfalls wie die Soziale Arbeit die Methoden und Vorgehensweisen der Antimafia-Bewegung in entsprechenden Aktionsfeldern unterstützt oder umfassender unterstützen kann.

2.1 Interesse an der Antimafia-Bewegung schaffen

Am 24.08.2012 berichteten deutsche Fernsehnachrichtensender von der Hinrichtung eines Camorra – Bosses mitten in Neapel durch Killer der Organisation, geschehen vor den Augen Hunderter von Touristen (vgl. Vox-News vom 24.08.2012 um 20.00 Uhr). Selten melden die deutschen Medien Machenschaften der Mafia, der 'Ndrangheta oder der Camorra. Aber in Deutschland geschehene Verbrechen, wie im Fall der sechs erschossenen 'ndranghetisti durch Mitglieder aus den eigenen Reihen in Duisburg im Jahr 2007 (vgl. Gratteri, Nicola und Nicaso, Antonio: Fratelli di sangue), werden durchaus thematisiert. Ansonsten ist der Informationsfluss über Aktivitäten krimineller Organisationen eher dürftig (abgesehen von den Hell's - Angels, die momentan einem großen Medieninteresse ausgesetzt sind).

Dabei zeigt sich gerade an dem Beispiel der Morde in Duisburg deutlich, mit welchen Folgen kriminelle Organisationen als Ergebnis ihrer Gewalttaten konfrontiert werden, wenn deren kriminelle Aktionen medienwirksam aufgearbeitet und darüber hinaus einer großen Bevölkerungsschicht bewusst gemacht werden. Die Aufmerksamkeit der Bevölkerung eines Landes durch ausgeführte Morde auf sich zu lenken, kann für eine Organisation, die normalerweise ohne große Aufmerksamkeit im Geheimen agiert, nicht besonders vorteilhaft sein. Spätestens seit Duisburg weiß jeder Bürger in Deutschland, dass „die Mafia" oder vielmehr diverse Gruppen mafiöser Art in seinem Land aktiv sind. Besonders informiertere Deutsche kennen mittlerweile sogar die 'Ndrangheta, aus deren internem Streit die Morde in Duisburg hervorgingen.[17]

Für eine kurze Zeit war die Aufmerksamkeit der Bevölkerung auf das Thema organisierte Kriminalität gelenkt, sogar die Bild-Zeitung berichtete über ihre Machenschaften. Doch leider war die beschriebene Aufmerksamkeit nur von kurzer Dauer. Die 'Ndrangheta ist in Deutschland nicht mehr öffentlichkeitswirksam in Erscheinung getreten. Einer der Killer aus Duisburg wurde schließlich in Amsterdam festgenommen (vgl. Forgione, Francesco: Mafia Export), aber abgesehen davon wandten sich die Medien mittlerweile aktuelleren Thematiken zu. Das „Sichbewusstsein" der Bevölkerung trübte langsam wieder ein.

Dabei spielt die Aufmerksamkeit Unbeteiligter, gemeint ist die Bevölkerung eines Landes oder Kontinentes, eine entscheidende Rolle für die Arbeit der Antimafia-Bewegung. Aufmerksamkeit ist eine knappe Ressource, sie beinhaltet geistige Arbeit, das heißt, sie bildet Menschen. Hat die Antimafia-Bewegung die Aufmerksamkeit einer großen Anzahl von Menschen hinter sich, fällt es ihr deutlich leichter, eigene Interessen und Projekte umzusetzen, denn dieses Mehr an Aufmerksamkeit schlägt sich unter anderem politisch nieder. Darüber hinaus resultieren aus gewonnener Beachtung ganz konkrete Folgen für die kriminellen Geheimorganisationen, die folgerichtig ihre Geheimhaltung einbüßen, also nicht mehr im Stillen agieren, sondern beobachtet und eventuell blockiert werden können. Dritte können nicht problemlos Geschäfte mit den kriminellen Organisationen tätigen, weil sie befürchten müssen, als Zuarbeiter der kriminellen Organisationen entlarvt zu werden (dies betrifft vor allem Politiker). So werden die kriminellen Gruppen in ihrem Handlungsradius eindeutig beschnitten.

Der eigentliche Nutzen, der aus dem aufmerksamen Interesse einer großen Vielfalt von Menschen an der Antimafia-Bewegung und den dreckigen Machenschaften der organisierten Kriminalität hervorgeht, ist noch deutlich effektiver. Die italienische Antimafia-Bewegung weiß aus den Erfahrungen der letzten Jahrzehnte sehr konkret einzuschätzen, dass durch gewecktes Interesse gewonnene Aufmerksamkeit einer großen Anzahl von Menschen an der Thematik Antimafia, was zwangsläufig auch eine Auseinandersetzung mit der bestehenden Mafia nach sich zieht, im wahrsten Sinne des Wortes das Leben und die Gesundheit der Aktivisten an der Basis schützen kann.

Die Mafia überlegt sehr genau, ob sie Menschen, die nicht Mitglied der Organisation sind, mit Gewalt begegnet oder ob sie von solchen Handlungen absieht und zu anderen Methoden greift.[18]

> „Gewalt und Brutalität werden in der Organisation [Mafia] nicht willkürlich angewandt. Sie sind immer noch das ultima ratio (…) wenn alle anderen Mittel und Wege versagt haben…"[19]

2.1 Interesse an der Antimafia-Bewegung schaffen

Tatsächlich schätzt die Mafia das Ausmaß einer ihr drohenden Gefahr sehr genau ein, gewaltsame Interventionen werden stets nach dem „Nutzen-Kosten-Prinzip" beurteilt. Sie vermeidet nach Möglichkeit jegliche Erregung von Aufmerksamkeit. Trifft die Mafia die Entscheidung, dass es mehr Sinn macht, jemandem gewaltsam zu begegnen, ihn vielleicht sogar zu ermorden, als den von der Person verursachten (möglichen) Schaden hinzunehmen, dann aktiviert sie ihre Schläger und Killer (eine Ausnahme stellen interne Eskalationen dar, die oft unkontrolliert und mit großem geschäftlichen Schaden für die Mafia verlaufen).

Doch auch im Fall von Gewaltanwendung durch die Mafia handelt sie nicht nur auf der militärischen Ebene. Parallel zur Planung der Ausführung einer eigentlichen Tat setzt sie konkrete Mechanismen in Gang, die dazu dienen sollen, die eigentlichen Gründe sowie deren Urheber zu verschleiern. Die Empörung der Bevölkerung über die Tat soll sich in Grenzen halten. Eines dieser angewandten Mittel ist die strategische Isolation des zukünftigen Opfers. Es dient der Erfüllung mehrerer Ziele, denn durch die Isolation von seiner Umgebung ist ein Gegner aufgrund fehlender Verbündeter nicht ausreichend in der Lage, die Vorhaben der Mafia zu stören. Außerdem interessieren sich zwangsläufig weniger Menschen für den Isolierten, er kann also leichter unschädlich gemacht werden.

Gleichzeitig trägt die Mafia dafür Sorge, dass mit dem Ziel seiner Diffamierung verleumderische Gerüchte über das zukünftige Opfer verbreitet werden. Diese Maßnahme dient dazu, die Aufmerksamkeit der Bevölkerung an der Person abzuschwächen, da eine empörte Bevölkerung womöglich ernsthaftes Interesse an der Aufklärung einer kriminellen Machenschaft zeigt. Eine desinteressierte oder nachsichtige Bevölkerung, die den vorgegebenen Tatgrund vielleicht sogar nachvollziehen kann, steht nicht hinter den Ermittlern. Sie wird nicht aktiv und aus ihren Reihen meldet sich niemand als potentieller Zeuge gegen die Organisation (vgl. Stille, Alexander: Die Richter).

Wurde ein Opfer ermordet, so verfolgt die Mafia im Prinzip die gleiche Taktik weiter, denn auch ein toter Gegner kann immensen Schaden verursachen. Dem weiß die Organisation einen Riegel vorzuschieben, indem sie weiter fleißig Gerüchte und üble Nachreden über das Opfer streut. So passiert es beispielsweise, dass einem Opfer eine Affäre nachgesagt und der Mord somit als Rachefeldzug des vermeintlich betrogenen Ehemannes ausgegeben wird, obwohl der Urheber die Mafia und die Motive geschäftlicher Natur sind (vgl. Lupo, Salvatore: Die Geschichte der Mafia). Die Gerüchte sollen der Bevölkerung, den Zeugen und den Augenzeugen der Ermordung eine Erklärung für die Tat vermitteln – eine Erklärung, die plausibel scheint, die jeder nachvollziehen kann. Meistens entstammen die Gerüchte bereits vorhandener Klischeevorstellungen, für die die Menschen naturgemäß empfänglich sind. Das Interesse der Bevölkerung schwindet, während die Mafia in keinster Weise mit dem Mord in Verbindung gebracht wird.

Am 09.05.1978 meldeten diverse italienische Zeitungen in kleinen Artikeln von einem Sprengsatz, der in der Nacht zuvor in der Nähe Cinisis, einer Kleinstadt wenige Kilometer von Palermo entfernt, explodiert war. Die Artikel trugen Kopfzeilen wie beispielsweise dieser:

„Linker Fanatiker wird auf Eisenbahngleisen von der eigenen Bombe zerrissen."[20]

Der vermeintliche Fanatiker, der von der angeblich eigenen Bombe zerrissen worden war, hieß Giuseppe „Peppino" Impastato. Er war politischer Aktivist, vertrat radikal ausgerichtete linke Standpunkte und war vor allem ein unerbittlicher Gegner der Mafia, der die kriminellen Machenschaften der Organisation in Cinisi immer wieder schonungslos transparent machte. Doch an die Mafia als möglichen Täter schien man beim Auffinden des zerfetzten Leichnams Impastatos erst gar nicht zu denken.

Giuseppe Impastato stammte aus Cinisi, sein Vater Luigi war Mitglied der örtlichen Mafia. Bereits als Jugendlicher begann Impastato sich für sozialistische, kommunistische und anarchistische Theorien zu interessieren. Er entwickelte seine persönliche Weltanschauung mit einer ihm eigenen Wahrnehmung von Gerechtigkeit und einem sich daraus entwickelnden Menschenbild. Sein Weltbild widersprach in den meisten Punkten dem der Mafia. Als er schließlich gemeinsam mit Freunden eine eigene Zeitung gründete und über die Mafia Artikel veröffentlichte, trat er in direkte Konfrontation mit der kriminellen Organisation. Mit allen erdenklichen Mitteln und auf allen möglichen legalen Wegen versuchten Impastato und seine Freunde gegen die Mafia und die Mafiosi vorzugehen.

Schließlich reagierte Impastatos Vater, der den rebellischen Sohn aus der elterlichen Wohnung verbannte. Aber Impastato ließ sich nicht von seiner Rebellion abhalten. 1977 gründete er zusammen mit Freunden den Radiosender *Radio AUT* in der Nähe Cinisis. Das Hauptprogramm des Senders war die satirische Aufbereitung der mafiösen Machenschaften in Cinisi und Umgebung bis hin zur Offenlegung tatsächlicher geschäftlicher Verbindungen. Kontinuierlich nahmen die Spannungen zwischen Impastato und der Mafia zu. Die kriminelle Organisation begann, Druck auszuüben und drohte Impastatos Vater Luigi. Dieser machte aber ebenso deutlich klar, dass er seinen Sohn um jeden Preis schützen werde. Noch im selben Jahr 1977 wurde Luigi Impastato auf seinem Heimweg von einem Auto überfahren,[21] sein Sohn verlor dadurch mit einem Schlag den väterlichen Schutz vor der Organisation.

Doch Impastato ging weiter gegen die Mafia vor. Im Jahr 1978 entschied er, sich für die Wahl als Mitglied des Stadtrates von Cinisi auf die Seite der linksradikalen Partei *Partito Proletaria* aufstellen zu lassen. Tatsächlich stellte sich die Wahl seiner Person keineswegs als chancenlos dar, kannten ihn mittlerweile viele Menschen, die ihn aufgrund seiner Unerbittlichkeit in der Verfolgung seiner Ziele sowie seiner Haltung gegenüber vielen Missständen sehr achteten.

Die Mafia dagegen fürchtete seine Wahl, denn sie kannte Impastatos entschlossenen Unwillen zur Kooperation mit der kriminellen Organisation, zudem er qua seines Amtes Einblick in sämtliche politische und soziale Verbindungen zwischen Mafia und Gemeinde gehabt hätte, um sie publik machen zu können. Das wäre für die Mafia eine zu einschneidende Veränderung gewesen. Am Abend des 08.05.1978 wurde Giuseppe Impastato von Häschern der Mafia entführt und zu einem Haus an den Bahngleisen verbracht. Dort folterten ihn die Mafiosi über Stunden, fesselten ihn schließlich auf eines der Gleise in der Nähe und sprengten ihn in die Luft.

Was in den Wochen nach Impastatos Mord folgte, bezeichneten Freunde und Verwandte als strategische Vertuschungskampagne. Es verschwanden Briefe und Bilder, die ausgerechnet von Carabinieri wegen angeblicher Ermittlungen bezüglich eines angeblichen Selbstmordes Impastatos beschlagnahmt wurden. Diese Unterlagen sind bis heute verschwunden. Vertuscht wurden ebenso Blutspuren:

> „...der Bestatter Giuseppe Briguglio bemerkt eine blutige Spur in einer Hütte [wo Impastato gefoltert wurde] in der Nähe der Gleise. Dies vertraut er sofort den carabinieri an."[22]

Die Blutspur stammte von der Folterung des Mannes, bevor man ihn in die Luft gesprengt hatte. Aber

> „...diese Spur (...) taucht in keiner der Beschreibungen des Tatorts und den folgenden Mitteilungen zwischen den Behörden auf."[23]

Die Carabinieri erwähnten in ihren Ausführungen die fragliche Hütte nicht einmal. Als Tage später die Presse von den Blutspuren berichtete, relativierten Unbekannte den Umstand und streuten falsche Informationen. Angeblich stamme das Blut von Damenbinden, die am Tatort gefunden worden seien, hieß es plötzlich. Allerdings wurden die fraglichen Binden nie am Tatort aufgefunden (vgl. Palazzolo, Saverio: I pezzi mancanti).

Diese Beispiele zeigen deutlich, dass auch Vertreter des italienischen Staates an der Vertuschung des Mordes an Impastato beteiligt gewesen sein mussten. Impastatos Bruder Giovanni gab im Jahre 2000 dafür eine eindeutige Erklärung ab, als er vor einer Kommission aussagte:

> „Ich habe oft gesehen, wie sie [die carabinieri] Arm in Arm mit Tano Badalamenti [damaliger Boss der Mafia von Cinisi] und seinen Stellvertretern gingen. Man kann zu den Behörden kein Vertrauen haben, wenn man sieht, wie Mafiosi Arm in Arm mit carabinieri gehen."[24]

Diese kooperative Verbindung von Polizei und Mafia versuchte über lange Zeit zu verhindern, dass der Mord an Giuseppe Impastato als bewiesenes Mafiaverbrechen anerkannt wurde.

Doch die Familie und die Freunde Impastatos ließen sich nach all diesen Manipulationen nicht abwimmeln. Mutter und Bruder des Ermordeten schienen nach dem Tod wie aus einer Starre erwacht. Sie wurden von Hunderten von Menschen unterstützt, die sich angesichts des Todes Impastatos in der Öffentlichkeit aktiv zeigten und ebenso wenig bereit waren, die Verklärung eines Mordes hinzunehmen. Giuseppe Impastato war bis zu seinem Tod sehr beliebt und dies machte sich nun bemerkbar. Bereits kurz nach seiner Ermordung fanden auf den Straßen Cinisis die ersten Demonstrationen von Menschen statt, die sich sicher waren, dass Impastato von der Mafia ermordet worden war. Die Mafia musste erkennen, dass sie die Popularität Impastatos auf sträfliche Weise unterschätzt hatte.[25]

Durch den beständigen Druck der Freunde, der Familie sowie deren Unterstützer wurde der Fall mehrfach neu aufgerollt. Vor allem mit dem Auftauchen neuer Kronzeugen gegen die Mafia konnten die Angehörigen und Freunde Impastatos eine weitere Aufnahme des Verfahrens im Jahr 1999 erwirken. 2001 endete der Prozess mit einer beachtlichen Reihe von Verurteilungen. Gaetano Badalamenti, lange Zeit Boss von Cinisi, wurde als Befehlshaber des Mordes zu einer lebenslangen Haftstrafe verurteilt.[26] All dies wäre ohne die oft selbstlose Beteiligung vieler Menschen nicht möglich gewesen. Ohne das Interesse der vielen Menschen an Impastatos Schicksal wäre der Mord wahrscheinlich bis heute als Unfall oder sarkastischer Selbstmord abgetan worden.

An dem Geschehen um den Mordfall Impastatos und vor allem, an dem, was in Folge dieses Mordes geschah, lässt sich folgendes deutlich ableiten: Ein viel Aufmerksamkeit genießendes Mordopfer bringt die Mafia in immense Schwierigkeiten. Eine Strafverfolgung kann stattfinden und die Verschleierung des Mordes ist nicht mehr ohne weiteres möglich, selbst wenn große Teile des staatlichen Apparates korrumpiert und zur Verschleierung der Tat missbraucht werden. Gerüchte können nicht mehr so einfach gestreut werden und die Umsetzung der Diffamierung eines Opfers wird ungleich schwieriger.

Das gemeinsame Engagement von Menschen kann für die Aufklärung einer Straftat sorgen, selbst wenn eine Organisation wie die Mafia mit Unterstützung durch große Teile des staatlichen Apparates versucht, dies zu verhindern. Für die Mafia bedeutet dieser Sachverhalt die Hinnahme konkreter Nachteile, wenn sie durch die Aufklärung der Tat in Folge geschäftlich eingeschränkt wird.

Im Umkehrschluss heißt das, dass die Mafia zumindest nicht mehr so übereilt mordet oder zu vergleichbar gewaltsamen Mitteln greift, wenn das aufmerksame Interesse der Bevölkerung entgegen aller Bemühungen der Organisation, es zu zersetzen, erhalten bleibt. Immerhin will sie ihre eigenen Geschäfte und somit das eigene Einkommen nicht gefährden. Daher kann sowohl das Interesse als auch die stete Aufmerksamkeit vieler Menschen einen Schutz vor Gewalttaten der Mafia implizieren.

Da die Notwendigkeit, das aufmerksame Interesse der Menschen einer Gesellschaft stets auf Missstände fokussiert zu wissen, um den Menschen in einem sozialen Rahmen ein Miteinanderleben zu ermöglichen, müssen Strategien entwickelt werden, die dazu dienen, die Empathie der Menschen für Ungerechtigkeit und Gräueltaten noch effektiver zu sensibilisieren. Deshalb muss es Menschen geben, die die Appelebene ihrer Mitmenschen ansprechen, nicht etwa um pures Mitleid für potentielle Opfer zu entwickeln, sondern vielmehr über ihre Verstandesebene erhöhte Wachsamkeit für Ungerechtigkeit, Ungleichheit und gewalttätiges Verhalten zu bewirken. Einer Aufgabe, der sich die Antimafia-Bewegung auf jeden Fall stellt.

Vor allem zeigt die Bewegung Präsenz und zwar in unterschiedlicher Form. Manche Gruppen verteilen in ihren Aktivitätsbereichen Aufkleber und Plakate der Antimafia-Bewegung. In Palermo erinnern Tafeln, Schilder, Statuen, Schriftzüge und gepflanzte Bäume an die Opfer der Mafia. An Gedenktagen von Mafiaopfern finden in Gebieten, in denen eine Antimafia-Bewegung tätig ist, Feste statt, die den Ermordeten gewidmet sind. Darüber hinaus organisieren die Gruppen der Bewegung Diskussionsrunden, Lesungen, Demonstrationen, Seminare in Schulen und Universitäten, Straßenfeste und viele nennenswerte Veranstaltungen, primär in Italien (vgl. Schneider, Peter und Jane: Reversible Destiny), aber auch in anderen Ländern wie Deutschland (vgl. www.mafianeindanke.de).

Diese Veranstaltungen dienen unter anderem dem Zweck, die interessierte Bevölkerung über die Thematik der organisierten Kriminalität sowie dem Betätigungsfeld der Antimafia zu informieren. Die Vermittlung von Informationen über die organisierte Kriminalität soll die Bevölkerung aufklären, sie dabei unterstützen, eine eigene Haltung gegenüber der organisierten Kriminalität zu entwickeln und die eigentlichen Hintergründe von Machenschaften der Gruppen der organisierten Kriminalität der Öffentlichkeit gegenüber zugänglich zu machen. Außerdem schränkt das die Gerüchteküche der Organisation in erheblichem Maße ein und verhindert sogleich, dass Ermordete posthum diffamiert werden. Ersteres mindert außerdem die sehr gefährliche Glorifizierung krimineller Organisationen.

Das systematische Aufbewahren von Informationen über die Mafia sowie die Antimafia-Bewegung, um der Öffentlichkeit den Zugriff möglich zu machen, haben sich vor allem das *CIDMA-Museum in Corleone*, Provinz Palermo, und das *Centro Siciliano di Documentazione Giuseppe Impastato – O.N.L.U.S.* in Palermo, Stadt, zur Aufgabe gemacht. Das *Centro Siciliano di Documentazione Giuseppe Impastato* besitzt zudem ein großes Archiv, das über das Internet einzusehen ist (vgl. www.centroimpastato.it). Außerdem bestehen im Internet unterschiedliche Homepages der Antimafia-Bewegung, die sich ebenfalls dem Sammeln von Informationen, um sie der Öffentlichkeit zugänglich zuzuführen, verschrieben haben (vgl. zum Beispiel www.antimafiaduemila.com).

An der Basis der Antimafia-Arbeit hat die Soziale Arbeit die Möglichkeit, Menschen außerhalb der Aktivitätsbereiche der Antimafia-Organisationen zu erreichen, auch in Gebieten, in denen die organisierte Kriminalität ausschließlich verdeckt auftritt, keine aufsehenerregenden Verbrechen begeht und die Bevölkerung sich dem Problem der organisierten Kriminalität oft nicht bewusst ist. In diesen Regionen wäre es der Sozialen Arbeit sehr wohl möglich, Menschen über organisierte Kriminalität und deren Machenschaften sowie über Arbeitsbereiche der Antimafia aufzuklären. Auf diese Weise wäre die Soziale Arbeit in der Lage auf die Aufmerksamkeit, die dem Thema Antimafia gewidmet wird, Einfluss zu nehmen und so Schutz für ihre Aktivisten zu schaffen. Zusätzlich werden die unbedarften Menschen sensibilisiert, um auf sich und ihre Umwelt Acht geben zu können. Dabei dürfen sie jedoch nicht zu Argwohn „erzogen" werden.

Ein Sozialarbeiter ist unter Berücksichtigung verschiedener Arbeitsfelder in der Lage, Betroffene über Thematiken wie organisierte Kriminalität und Antimafia zu informieren. Das Bereitstellen von Informationen ist beispielsweise bei der Arbeit in Stadtteilsozialzentren ebenso möglich wie in Schulen, Jugendzentren und vielen anderen sozialen oder öffentlichen Einrichtungen, in denen Sozialarbeiter tätig sind. Das bedeutet allerdings, dass die Soziale Arbeit sich als Profession mit den Themen organisierter Kriminalität und Antimafia-Bewegung auseinandersetzen muss. Zwar hat die Soziale Arbeit Ansichten, Haltungen und berufliche Richtlinien festgelegt (vgl. DBSH (Hrsg.): Berufsbild für Sozialarbeiter/innen und Sozialpädagogen/innen), die jeder organisierten Kriminalität entgegenstehen, aber eine eindeutige Haltung und festgeschriebene Positionen gegenüber der organisierten Kriminalität und der Antimafia hat sie bisher noch nicht entwickelt.

Vielleicht wird es für die Soziale Arbeit Zeit, dies nachzuholen, denn erst, wenn sie eine eigene, professionelle Haltung und eigene, professionelle Richtlinien im Umgang mit dem Thema entwickelt hat, ist sie in der Lage, Thematiken wie organisierte Kriminalität oder Antimafia nach Sachlage in ihre alltägliche Arbeit einzubinden und sich adäquat mit beiden Themen auseinanderzusetzen. Dabei wäre eine Positionierung der Sozialen Arbeit als hintergründige Unterstützung der Antimafia für die Bewegung von unschätzbarem Wert. Denn die Antimafia-Bewegung leidet unter einem ständigen Wechsel zwischen Zu- und Abnahme an Aufmerksamkeit durch die Bevölkerung. In Zeiten, in denen die Mafia aufsehenerregende Verbrechen beging, genoss die Antimafia viel Aufmerksamkeit und damit auch viel Rückendeckung.

Die Mächtigen müssen ab einem gewissen Punkt einlenken, wenn große Teile der Bevölkerung die Antimafia-Bewegung unterstützen (Politiker beispielsweise aufgrund von Wahlstimmen). Doch in Zeiten, in denen sich die Mafia vermeintlich ruhig verhält, nehmen die Aufmerksamkeit und damit auch die Rückendeckung für die Antimafia-Bewegung ab. Eine kontinuierliche Aufmerksamkeit konnte die Antimafia bisher nicht sicherstellen (vgl. Stille, Alexander: Die Richter; Dickie, John: La Cosa Nostra).

Eine Positionierung der Sozialen Arbeit als Profession hinter der Antimafia-Bewegung würde das oben genannte Problem erheblich schmälern. Wenn sich eine Profession mit der Antimafia auseinandersetzen würde und ihr als konsequente Folge ihre Unterstützung anböte, bekäme die Bewegung langfristig wichtige und konstante Aufmerksamkeit, die sie wiederum in ihrem Interesse einsetzen könnte. Diese Aufmerksamkeit sollte nicht von einer Einzelperson oder vielen kleinen Gruppierungen, sondern vielmehr von einer großen Profession ausgehen. Die Mafia dagegen müsste fürchten, dass jedes Mal, wenn sie die Antimafia-Bewegung attackiert, dies nicht nur die Antimafia-Bewegung sowie die lokalen und überregionalen Zeitungen interessiert, sondern eben auch die Vertreter einer Profession, die sich mit ihr auseinandersetzen und wiederum andere über ihre Machenschaften informieren wird.[27]

Für die Lösung des Problems der unsteten Aufmerksamkeit scheint die Antimafia-Bewegung noch keine Antwort gefunden zu haben. Allerdings gibt es diverse Arbeitsfelder, auch im Bereich der Sozialen Arbeit, die sich mit ähnlichen

Schwierigkeiten konfrontiert sehen. Einer dieser Bereiche ist die Arbeit mit Drogenabhängigen (vgl. Stöver, Heino und Schäffer, Dirk [Hrsgb.]: Drogen, HIV/AIDS, Hepatitis. Ein Handbuch. Berlin: Deutsche Aids Hilfe e.V. 2011).

Vielleicht kann durch eine Zusammenarbeit der von diesem Phänomen betroffenen Organisationen und Vereinen eine Möglichkeit geschaffen werden, das Problem langfristig zu beseitigen – bestenfalls für beide Seiten. Möglicherweise lässt sich durch eine engere Zusammenarbeit die Möglichkeit schaffen, Aufmerksamkeit langfristig zu sichern, indem man in den jeweiligen Bereichen über die Existenz, die Arbeit, die Probleme und die Schwierigkeiten des jeweiligen anderen Bereichs aufmerksam macht. Insbesondere die Arbeit mit Drogenabhängigen und die der Antimafia-Bewegung weisen viele Parallelen auf, die eine enge Zusammenarbeit zulassen. Unabhängig dessen lässt sich von der Aktualität eines Themas eine mehr oder weniger große von Interesse geprägte Aufmerksamkeit ableiten.

2.2 Eine Haltung der Legalität entwickeln

Die Mafia ist optimal in der Lage, ihre Existenz abzusichern. Sie lebt von bestimmten Haltungen und Verdrängungsmechanismen, derer sich ihre Mitglieder annehmen und die es ihnen ermöglichen, die von ihnen verlangten Handlungen zu begehen. Mit Begrifflichkeiten wie Ehre rechtfertigt die Mafia ihre Vorgehensweise gegenüber sich selbst sowie gegenüber Außenstehenden. Untermauert wird diese Rechtfertigung von einer wirren Religiosität, deren zentraler Bestandteil ein rachsüchtiger Gott nach Maßstäben des Alten Testaments ist. Diese Mafia-Religion mischt sich mit allerlei Aberglaube sowie folkloristischer Sagen (Camillieri, Andrea: M wie Mafia).

Entsprechende Sagen geben den Mitgliedern der Mafia eine Identität, auf die sie sich stützen können und die sie als eine Art Elite ausweist. Benanntes Elitegefühl wird durch eine scheinbar enge Zusammengehörigkeit und eine Aufnahme in eine geheime Gesellschaft verstärkt. Eine enge Loyalitätsbeziehung der Untergebenen gegenüber ihren Vorgesetzten und rigide Kontrollmechanismen wie die Todesstrafe für Befehlsverweigerer sichern, dass geplante Aktionen ihre praktische Umsetzung erfahren. Dies gilt insbesondere für Gewalttaten.

Gewalt ist in den Augen der Mafia ein legitimes Mittel zur Durchsetzung ihrer Interessen. Grundsätzlich hat die Mafia keine Schwierigkeiten, zur Gewalt zu greifen, denn daraus begründet sich ein großer Teil ihrer Macht über andere. Sie nutzt Gewalt, um Menschen einzuschüchtern und ebenso, um sie für immer aus dem Weg zu räumen. Mord dient der Mafia als Überlebensstrategie. Er stellt für die Organisation ein legitimes Mittel dar, nicht nur um alte Fehler wieder gut zu machen, sondern auch um vorhandene Probleme und Konflikte zu lösen, die so schwerwiegend sind, dass sie nach Meinung der Mafia einen Mord rechtfertigen (vgl. Falcone, Giovanni und Padovani, Marcelle: Inside Mafia).

Schert ein Mitglied der Organisation aus den Reihen der Mafia aus oder begeht nach Maßstäben der Organisation zu viele Fehler, so beurteilen die Mafiosi seine Aufnahme rückwirkend als Fehleinschätzung. Also entlässt man den Betreffenden aus der Organisation, was aber nur durch dessen Tod erfolgen kann. Auch interne Konflikte, die die Mafia zwar als ärgerlich betrachtet, weil sie meistens eine nicht unerhebliche Mordserie nach sich ziehen und Geschäfte für kurze Zeit blockieren, dienen aus diesem perversen Blickwinkel nichts anderem als einer Weiterentwicklung: Sie stellen schlichtweg sicher, dass sich der Stärkere durchsetzt, der Schwache ausgesondert und letztendlich die Organisation „stärker" wird.

Gleichzeitig trägt die Mafia ihre tolerante Haltung bezüglich Gewalt in die Gesellschaft. Dies gelingt ihr auf unterschiedliche Weise. Eine ist die bereits genannte Rechtfertigung sowie Verklärung von Gewalt und gewalttätigen Straftaten, die der Bevölkerung erklären sollen, warum eine Gewalttat der Mafia stattfand. Diese zeigen den Menschen auf, wann es angeblich in Ordnung ist, Gewalt anzuwenden. Außerdem setzen die Mitglieder der Mafia beständig Gewalt ein, und zwar mit Erfolg, was natürlich auch die Bevölkerung eines betroffenen Viertels unmittelbar erfährt. Menschen, die sich mehr oder weniger freiwillig in ihrem Umfeld bewegen, zeigt die Mafia sehr deutlich und mehr als bewusst, wie viel Erfolg sie mit ihren Methoden hat. Dies wirkt entsprechend drastischer, je perspektivloser die Bevölkerung eines bestimmten Viertels ist.

Die Bevölkerung erlebt, was es heißt, Mafioso zu sein und welche Vorteile daraus für Mitglieder und deren Angehörige erwachsen. Viele Menschen in einem von einem Mafioso beherrschten Gebiet reagieren diesem gegenüber mit Demut, behandeln ihn vorrangig und würden ihm nichts ausschlagen, wie die spätere Kronzeugin gegen die Mafia Michela Buscemi erklärte:

> „Da hatte man keine Fragen zu stellen, keine Zweifel anzumelden. Für die [Mafiosi] muss man alles tun, um in ihrer Gunst zu bleiben."[28]

Auch die Verwandten erhalten eine ganze Reihe von Vorteilen durch den Mafioso in der Familie. Auch sie werden besonders und vorrangig behandelt. Folgerichtig sehen viele die Mafia, ihre Methoden und die Einhaltung ihrer Regeln als eine bessere Alternative an als in einen Staat zu vertrauen, der in vielen Gebieten Süditaliens flächendeckend nicht einmal für ein Grundbedürfnis wie beispielsweise Arbeit und die daraus resultierende finanzielle Absicherung Sorge tragen kann. Die Methoden der Mafia werden akzeptiert und angewandt und zwar auch von denen, die es nicht schaffen, ihr beizutreten. Durch Kooperation versuchen sie die Realisierung ihrer Interessen durchzusetzen.

Die tolerante Haltung der Mafia gegenüber Gewalt zeigt in der Gesellschaft offenkundig ihre Spuren. Insbesondere die Schwachen werden Opfer von Gewalt und Unterdrückung, die Stärkere gegen sie ausüben, um ihre Interessen zu verwirklichen, ganz in der Art, wie es ihnen die Mafia suggeriert. Insbesondere wird dies in Situationen, in denen man in von der Mafia und anderen Gruppen der italienischen organisierten Kriminalität kontrollierten Gebieten spielende Kinder erlebt, deutlich. Denn Gewalt und Aggression sind konsequenterweise die erlernten Mittel, die die Kinder vermehrt im Umgang untereinander anwenden, unter anderem im alltäglichen Spiel auf der Straße. Eben ganz so, wie sie es gelernt haben:

> „Das Kind wächst mit den Werten Aggression und Gewalt auf, identifiziert sich mit ihnen und ist nicht mehr nur deren Opfer."[29]

Dies zeigt deutlich, wie die Mafia eine Entwicklung unterstützt, die ihr eigenes Verhalten in die Gesellschaft hineinproduziert.

Ähnlich verhält es sich auch mit den Faktoren Klientelismus und Omertà. Beides weiß die Mafia in von ihr beherrschten Vierteln umzusetzen und voranzutreiben. Omertà bezeichnet das Gebot der Mafia nicht über ihre Geschäfte, ihre Existenz und ihre Aktivitäten zu sprechen, vor allem nicht mit Vertretern des Staates, aber auch nicht untereinander, wenn keine Notwendigkeit besteht. Ein Mitglied der Mafia schwört bei seiner Aufnahme in die Organisation, die Omertà zu achten und keinesfalls zu brechen, ansonsten muss er mit schwerwiegenden Konsequenzen rechnen. Die Omertà gilt auch für Nicht-Mitglieder, die in Mafiaterritorien leben oder sich dort bewegen.

So erfährt die Omertà eine Umsetzung in der Gesellschaft, denn viele Menschen schweigen aus Angst vor Angriffen und halten sich aus diesem Grund an diesen internen Mafiakodex. Vor allem, wenn Unbeteiligte Mordzeugen sind, müssen sie berechtigterweise fürchten, bei Aussage selbst ermordet zu werden. Wieder andere sympathisieren mit der Mafia aus unterschiedlichen Gründen und schweigen deshalb. Sie betrachten die Mafia als etwas Positives, sie misstrauen dem Staat und seinen Einrichtungen. Viele wollen außerdem nicht in Ungnade bei der Organisation fallen, entweder, weil sie selbst Geschäfte mit der Mafia betreiben, weil sie Angst haben oder aber, weil sie die Mafiosi als Vorbilder betrachten.

So oder so profitiert die Mafia durch das Vorhandensein der Omertà in einem von ihr beherrschten Gebiet, egal auf welche Art sie produziert wird. Sie kann einen so immensen Einfluss entwickeln und Misstrauen produzieren, dass die Betroffenen sich nicht einmal trauen, untereinander über die Mafia und deren Taten zu reden, was jegliche Form des Zusammenschlusses gegen die kriminelle Organisation unmöglich macht. Aber vor allem verhindert sie bis heute äußerst erfolgreich jede Form der Strafverfolgung. Diego Cavalliero, damals stellvertretender Staatsanwalt von Marsala, erinnert sich an einen Mord Ende der 80er Jahre, der besonders die Macht der Omertà verdeutlicht:

> „Man hatte die Leiche im Laderaum eines Lastwagens liegen lassen, und in der Sonne und in diesem geschlossenen Kasten schritt die Verwesung rasch voran, und der Leichnam begann schrecklich zu stinken. Der Lastwagen stand auf einem Parkplatz, auf dem Tag für Tag Leute an ihm vorbeigingen. Doch niemand machte von dem Leichnam Meldung (...) Das ist omertà!"[30]

Klientelismus ist am besten mit den deutschen Sprichwörtern *„eine Hand wäscht die andere"* oder *„eine Krähe hackt einer anderen kein Auge aus"* zu beschreiben. Ein Gefallen wird realisiert, wenn der Fordernde oder Erbittende im Gegenzug bereit ist, dafür zu gegebener Zeit etwas zu leisten. Klientelistische Vorgänge ziehen aber stets negative Folgen für die sich in schwächeren Positionen befindenden Menschen nach sich. Sie können nun maßlos ausgenutzt werden, weil sie sich in die Schuld des Gefallens begeben haben. Die Mafia nutzt klientelistisches Verhalten, um Menschen von sich abhängig zu machen, ihnen einen Gefallen zu erfüllen und sich bei ihnen einzuschmeicheln, um sie emotional an sich zu binden (vgl. Schneider, Jane und Pete: Reversible Destiny).

Personen, die nicht über die notwendigen Kontakte verfügen, sich deshalb dieser Strukturen nicht bedienen können oder diesen gar feindlich gegenüberstehen werden ausgegrenzt:

> „...clientelism requires disfavoring persons who happen to be the friends of one's enemy."[31]

Der Klientelismus treibt eine Spaltung der Bevölkerung in Freund und Feind voran. Sogar Recht, die Frage nach legal oder illegal, wird durch Klientelismus untergraben. Er bezeichnet die

> „...attitude that 'a friend is better than a legal right'."[32]

In diesem verzerrten Blickwinkel wird Klientelismus nicht als Benachteiligung Schwächerer und damit als Unrecht betrachtet, sondern als

> „...'connectivity' that obligates kin and friends to look out for each other in a continually shifting and insecure world..."[33]

Innerhalb sowie im Umfeld der Mafia findet klientelistisches Verhalten ständig Anwendung. Selbst das Einkassieren von Schutzgeld funktioniert auf diese Weise, wenn das zur Zahlung verpflichtete Unternehmen seinen finanziellen Beitrag an die Mafia freiwillig abgibt und dafür Begünstigungen unterschiedlichster Art erhält. Wirtschaftliche oder politische Korruption sowie Bestechung sind Methoden des Klientelismus, derer sich die Mafia bedient.

Klientelistische Strukturen sind Bestandteil einer jeden Gesellschaft. Aber in von der Mafia kontrollierten Gebieten finden sie wesentlich verstärkter Anwendung. Die Mafia treibt die Entwicklung klientelistischer Strukturen auch außerhalb der Organisation an. So ist es ihr möglich, selbst auf bereits vorhandene und von ihr unabhängige Strukturen zurückzugreifen. Andererseits werden klientelistische Strukturen auch von Personen genutzt, die eigentlich nicht oder nur am Rande mit der Organisation in Verbindung stehen. Dadurch wird Klientelismus trotz seiner offenkundig benachteiligenden Folgen für einen breiten Bevölkerungsteil gesellschaftlich legalisiert und somit gerechtfertigt, selbst wenn sich der aus dem Klientelismus entspringende Gefallen über geltendes Recht setzt. Immerhin machen es ja alle und jeder profitiert davon. Was wiederum bedeutet, dass bei Ablehnung dieser Strukturen Nachteile in Kauf zu nehmen sind. So breitet sich Klientelismus immer weiter aus.

Die Vorteile, die durch die Übernahme mafiöser Haltungen und Methoden durch die Bevölkerung für die Organisationen entstehen, sind offenkundig. Dieses „Regelspiel" schafft eine gewisse Nähe, weil so von beiden Seiten Ansichten und Haltungen geteilt werden. Vor allem aber schafft die Mafia einen Nährboden für ihre eigenen Aktivitäten. Sie sorgt dafür, dass die Menschen in von ihr kontrollierten Gebieten ihre Anwendung von Gewalt nachvollziehen können, nicht mit der Polizei über Gewaltakte der Mafia sprechen und sich gleichzeitig der gleichen Gewalt und der gleichen klientelistischen Methoden wie die Mafia bedienen. Insbesondere dadurch wird jeder Versuch, den betroffenen Menschen andere Verhaltensweisen und Konfliktlösungsmechanismen, die auf Kompromisse und auf die Achtung des Gegenübers abzielen, im Vorhinein konterkariert, haben die Menschen doch gelernt, dass sie mittels Gewalt und Klientelismus ihre Interessen vertreten und durchsetzen können, nicht mit Toleranz, Kompromissen und Fairness. Die Grenzen zwischen der kriminellen Organisation und der Gesellschaft verschwimmen auf fatale Weise.

Dem versucht die Antimafia-Bewegung einen Riegel vorzuschieben. Alles in allem handelt es sich bei dem Vorgenannten um Haltungen, Ideologien und Ansichten, die die Mafia begünstigen. Daher hat die Antimafia-Bewegung beschlossen, sich gegen diese Ideologien, Standpunkte und Haltungen zu positionieren und zwar, indem sie eine eigene Haltung bezüglich aller drei Aspekte entwickelte. Die Antimafia - Bewegung positioniert sich bewusst gegen alle Arten von Gewalt, gegen die Omertà und gegen jegliche Form des Klientelismus. Sie versucht, anderen Menschen zu zeigen, dass sie auch ohne Omertà, Klientelismus und Gewalt ihre Interessen verfolgen können (gleichzeitig sorgt sie für den Aufbau von Alternativen für Betroffene, vgl. Kapitel 3.0).

Diese Positionierung bedeutet allerdings auch den Kontaktabbruch zu Menschen die mit der Mafia in Verbindung stehen und gegen die Mafia gerichtete Schritte nicht tolerieren. Dieser Trennungsstrich ist notwendig, damit die Bewegung nicht unterschwellig in Machenschaften der Mafia gezogen wird und sich für mögliche Infiltrationen nicht weiter öffnet, als es notwendig wäre, um mit Menschen aus den von der Mafia kontrollierten Gebieten zu arbeiten. Dieser Schritt ist deshalb berechtigt, weil die Mafia in der Vergangenheit immer wieder versucht hat, falsche Kronzeugen und Aussteiger in den juristischen Apparat und in die Antimafia-Bewegung einzuschleusen, die die gesamten Antimafia-Organisationen und Kronzeugen verleumden sollten (Giovanni Brusca war am Anfang seiner Aussagen mit dieser Strategie sogar sehr erfolgreich, vgl. Sabella, Alfonso: Cacciatore di mafiosi).

Da es logisch ist, dass die Antimafia-Bewegung sich von aktiven Mafiosi, ihren Handlangern und von Menschen, die sie nicht tolerieren, distanziert, verhindert sie mitunter eine Zusammenarbeit mit Aussteigern. Es wird eine Ausgrenzung geschaffen, die zuweilen auch überzeugte Aussteiger betrifft. Das grundsätzliche Misstrauen gegenüber jedem, der mit der Mafia in Verbindung steht oder stand, führte in der Vergangenheit dazu, dass beispielsweise Kronzeugen, Aussteiger aus den Reihen der Organisation oder sich distanzierende Verwandte von der Bewegung gemieden wurden, obwohl gerade Mafia-Aussteiger in umfangreicherem Maße Unterstützung auch außerhalb des juristischen Apparates eines Staates benötigen. Wieder andere Mafiagegner verweigerten aus falschem Stolz oder aus dem Glauben heraus, jemand im Umfeld der Mafia könne sich nicht ändern, jegliche Zusammenarbeit (vgl. Schneider, Peter und Jane: Reversible Destiny). Dabei zeigen die Beispiele unzähliger Aussteiger, dass ihre Aussagen ein mächtiges Instrument gegen die Mafia darstellen und ein Leben für sie außerhalb der Organisation durchaus möglich ist (vgl. Stille, Alexander: Die Richter).

Egal wie gut oder schlecht die von Misstrauen getragenen Argumentationen der Antimafia- Bewegung gegenüber den Aussteigern nachvollziehbar sind, die bloße Ausgrenzung jener durch die zivilgesellschaftliche Antimafia hilft angesichts der vielen Vorteile, die ein ernst gemeinter Ausstieg aus der Mafia bietet, der Bewegung nicht weiter. Insbesondere hier kann die Soziale Arbeit die Antimafia-Bewegung unterstützen, eine professionelle Haltung zu entwickeln, die beinhaltet, sich mit dem Problem auf professioneller Ebene auseinanderzusetzen. Die Soziale Arbeit geht davon aus, dass jeder Mensch sich ändern und einen neuen Lebensweg einschlagen kann, denn sie vertraut

> „…in die Kraft und den Willen von Menschen belastende Lebensverhältnisse bei geeigneter Unterstützung, selbst zu verändern."[34]

Dies gilt entsprechend auch für Mafiosi, deren Handlanger und insbesondere für Angehörige, die ihren Mafiaverwandten zugearbeitet haben. Professionalität schafft emotionalen Abstand zu den betroffenen Menschen, ermöglicht den eigenen Blickwinkel zu erweitern und verhindert die Entwicklung von Vorurteilen.

Die Soziale Arbeit kann helfen, die entsprechende Haltung, beruhend auf der Tatsache, dass sich jeder ändern kann (was nicht bedeutet, dass man ihm blind vertrauen muss), verstärkt in die Antimafia-Bewegung zu tragen, um die Bewegung zu unterstützen, diese Einstellung mit ihrem Selbstschutz vor Diffamierung und Infiltration zu verbinden und auch außerhalb der Bereiche, in denen Antimafia und Soziale Arbeit zusammenarbeiten, auszuprägen. Lehrgänge von Seiten Professioneller der Sozialen Arbeit für Aktivisten der Antimafia-Bewegung wären eine Möglichkeit, die notwendigen Kompetenzen zu vermitteln und sie mit dem theoretischen Wissen der Sozialen Arbeit zu untermauern. Auf diese Weise könnte die Antimafia-Bewegung ihren Selbstschutz vor Infiltration ausbauen, ohne eigeninitiativ für Ausgrenzung und Benachteiligung Schwächerer (die die Aussteiger im Moment ihres ernsthaften Ausstiegs werden) zu sorgen.

Gleichzeitig wäre die Soziale Arbeit auch in der Lage, in erheblichem Maße von der Antimafia-Bewegung zu lernen. Sie kann erfahren, Prinzipien und Haltungen der Antimafia-Bewegung in ihr eigenes Konzept zu übernehmen, ohne jedoch selbst in die gleiche Abgrenzungsproblematik zu verfallen. Ein solches Vorhaben hätte gleich mehrere Vorteile. Vor allem könnte sich die Soziale Arbeit dadurch besser vor Unterwanderungen und Infiltration durch Gruppen der organisierten Kriminalität schützen und zwar allein deshalb, weil die Profession dem Phänomen organisierter Kriminalität mit deutlich fokussierter Aufmerksamkeit begegnen und sich gegenüber ihren kriminellen Aktivitäten abgrenzen würde. Sollte die Soziale Arbeit im Rahmen der Antimafia-Bewegung tätig werden, dann bleibt ein solcher Schutz unausweichlich, denn die Mafia wird versuchen, sie zu kolportieren. Aber abgesehen davon, geht es in der Sozialen Arbeit mittlerweile um sehr viel Geld. Die Mafia generiert Gelder und sie versucht alle Möglichkeiten auszunutzen, Werte für sich abzuzweigen. Auf kurz oder lang könnte das auch die Praxis der Sozialen Arbeit betreffen.

Wie im weiteren Verlauf noch aufgezeigt wird, bemüht sich die Antimafia-Bewegung, Menschen Alternativen zu bieten, die es ihnen ermöglichen ohne Omertà, Klientelismus und Gewalt ihre Interessen zu verwirklichen. Damit die Betroffenen diese Alternativen auch akzeptieren und annehmen, muss man versuchen, ihnen zu vermitteln, welche negativen und benachteiligenden Folgen die ausgeprägte Existenz von Omertà, Klientelismus und angewandte Gewalt für die Bevölkerung eines Viertels haben. Wie bereits aufgezeigt, besteht dieses Vermitteln primär in der Überzeugungsarbeit gegen eine bestimmte Haltung, die sich, angetrieben von der Mafia, in der Gesellschaft ständig generiert und die kriminelle Organisation immens unterstützt. Die Soziale Arbeit kennt diese Arbeit gegen und mit bestimmten Haltungen von Menschen sehr gut. Insbesondere ihre Professionellen haben diesbezüglich viele Erfahrungen gesammelt, die sie an die Antimafia-Bewegung weitervermitteln können oder sogar bereits weitervermitteln.

Die Soziale Arbeit begegnet Menschen, die der Gesellschaft gegenüber kontraproduktive Einstellungen vertreten, die die Profession natürlich nicht teilen kann, mit einer sogenannten akzeptierenden Sozialen Arbeit, so beispielsweise Drogenabhängigen, Straftätern oder Neonazis gegenüber. Sie distanziert sich von Haltungen und Taten, ohne jedoch die Menschen als solche zu verurteilen. Dadurch distanziert sie sich von deren Ansichten und Taten und hinterfragt diese kritisch, ohne die betroffenen Menschen zu bedrängen, ihre Lebensweise zu diffamieren um sie somit abzuschrecken. Eine Arbeit mit den Betroffenen kann trotz kritischer Hinterfragung dieser Haltungen stattfinden. So ist es möglich, den Betroffenen aufzuzeigen, welche Folgen Haltungen und Taten für die Benachteiligten, für die Opfer und die Gesellschaft haben und welche Alternativen es gibt, eigene Interessen auf andere Weise umzusetzen, um damit bestenfalls einen Wandlungsprozess auszulösen. Eine Wandlung wird nicht erzwungen (was eh wenig sinnvoll und keinesfalls nachhaltig wäre), dem Betroffenen wird vielmehr die Zeit gelassen, die er persönlich benötigt, um aus sich selbst einen Wandlungsprozess zu initiieren.[35]

Außerdem geht es bei dem zuvor Ausgeführten nicht darum, zwischen Gut und Böse zu polarisieren, Angst zu schüren oder gar den Moralapostel zu spielen, sondern vielmehr realistisch darüber zu berichten, welche Folgen stigmatisierende, zerstörerische und kriminelle Haltungen nach sich ziehen, ohne die Frage nach richtig und falsch beantworten oder überhaupt thematisieren zu wollen. Dieses Verfahren blockiert, eine Diskussion um richtige und falsche Haltungen, die im besten Falle in einen Teufelskreis abgleitet und schlimmstenfalls auf blanke

Ablehnung stößt, jedoch auf keinen Fall weiterführt. Entsprechend wird übertriebene Abschreckung angesehen, die in der Regel lediglich den Hohn der Betroffenen hervorruft (vgl. Akzept-Bundesverband: Leitlinien der akzeptierenden Drogenarbeit; Krafeld, Franz-Josef: Erfahrungen einer akzeptierenden Jugendarbeit mit rechten Jugendlichen).

Eine ähnliche Haltung wie die der akzeptierenden Sozialen Arbeit könnte auch in der Arbeit mit außerhalb der Zugehörigkeit zu einer kriminellen Organisation stehenden Menschen, die mafiöse Haltungen nicht nur vertreten, sondern auch in die Realität umsetzen, Anwendung finden. Eine akzeptierende Soziale Arbeit müsste in diesem Sinne eng mit einer lebensweltorientierten Arbeit zusammenwirken, denn es ist die lebensweltorientierte Arbeit, die sich mit den tatsächlichen Problemen der Menschen in ihrem Alltag auseinandersetzt:

> „Aufgabe der Sozialpädagogik [im Sinne der Lebensweltorientierung] ist es, (...) kritisch Bezug auf den Alltag der Klienten zu nehmen, (Selbst-)Täuschungen aufzudecken, Scheitern zu verhindern..."[36]

Eine lebensweltorientierte Soziale Arbeit kann den an der Basis arbeitenden Aktivisten ermöglichen, sich den alltäglichen Problemen und Schwierigkeiten, die die Menschen dazu bringt auf Omertà, Klientelismus und Gewalt zurückzugreifen, den Ressourcen der Betroffenen entsprechend zu stellen. So können sie sich von diesen Haltungen distanzieren, ohne eine fortführende Arbeit mit den Betroffenen unmöglich zu machen.

Die Soziale Arbeit wendet darüber hinaus eine Reihe von Methoden an, die die Aktivisten in diesem Bereich nutzen können, um wirkungsvoll zu arbeiten. Anti-Gewalt, Mediation, Konfliktlösungs-, aber auch bestimmte Abstimmungsmethoden (vgl. Burnicki, Ralf: Die anarchistische Konsensdemokratie) können dazu genutzt werden, Menschen eine Möglichkeit zu vermitteln, ohne Anwendung von Gewalt für ihre Interessen einzutreten. Mittels solcher Methoden lernen sie, gewaltfrei Konflikte zu führen, zu diskutieren, zu streiten, sich auf einen Kompromiss zu einigen, den alle Beteiligten gemeinsam tragen oder zumindest akzeptieren können. Betroffene lernen, Gefühle ihrer Mitmenschen zu respektieren. Ihnen wird vermittelt, dass man Kompromisse schließen muss, um fair und ohne Unterdrückung miteinander leben zu können. Das sind Verhaltensweisen, die im krassen Kontrast zu den von der Mafia oder ähnlich strukturierten Organisationen vermittelten Ansichten und Haltungen stehen. Die notwendigen Kompetenzen für ein soziales Miteinander werden auf unterschiedliche Weise an Menschen, die Interesse an Verhaltensänderung zeigen, weitervermittelt.

Über Stadtteilbüros, Einrichtungen, in denen Sozialberatungen stattfinden, Kultur-, Dokumentations- und insbesondere Sozialzentren sind die Aktivisten der Antimafia in der Lage, ein breites Bevölkerungsspektrum zu erreichen um ihm bestimmte Methoden zugänglich zu machen. Entsprechende Sozialzentren sind in jedem sozialen Brennpunkt von Palermo ansässig, wie beispielsweise das *Dipingi la pace* im Viertel *Borgo Vecchio*, das von dem von der Mafia ermordeten Priester Padre Puglisi gegründete *Centro Padre Nostro* im Viertel *Brancaccio*, das *Centro Diaconale „La Noce" Istituto Valdese* im palermitanischen Viertel *La Noce* oder die beiden ältesten Sozialzentren der Stadt namens *Centro San Saverio* in *Albargheria* und das *Centro Santa Chiara* im Stadtzentrum. Viele der in Palermo existierenden Stadtteilsozialzentren sind bemüht, den Bewohnern des Viertels, in dem sie tätig sind, konstruktive Verhaltensweisen zu vermitteln - ist es doch ihr erklärtes Ziel, den Einfluss der örtlichen Mafiafamilien auf die Bevölkerung deutlich zu schmälern. Das *Centro Padre Nostro* in *Brancaccio* hat dieses Ziel folgendermaßen in ihre Statuten aufgenommen:

> „Die Vereinigung beteiligt sich am Aufbau einer Kultur der Legalität (...) gegen jede Art mafiöser Mentalität. Sie blockiert die Möglichkeiten der organisierten Kriminalität, die Schwächsten der Gesellschaft [für kriminelle Handlangerdienste] zu rekrutieren."[37]

In der Regel werden die Zentren in ihrer Arbeit von Sozialarbeitern unterstützt und können auf die Erfahrungen der Profession zum Beispiel im Bereich Konfliktlösung und vielen weiteren wichtigen Arbeitsbereichen zurückgreifen. Einige der Zentren haben für ihre Projekte eigens Sozialarbeiter angestellt. Sie funktionieren wie freie Träger, im *Centro Padre Nostro* in *Brancaccio* sind Sozialarbeiter in der Leitung beschäftigt. Die in den Einrichtungen angestellten Sozialarbeiter sind also nicht nur in der Sozialen Arbeit, sondern gleichzeitig in der Antimafia-Bewegung tätig (vgl. www.centropadrenostro.it).

Die für eine solche Arbeit notwendigen Kompetenzen und Methoden (beispielsweise Mediation, Konfliktlösung, aber auch klientenzentrierte Beratung oder soziale Gruppenarbeit) können Praktizierende innerhalb der bestehenden Vermittlungszentren erlernen. Derzeit hat das *Centro Diaconale „La Noce" Istituto Valdese* als einziges Stadtteilsozialzentrum in Palermo ein Kompetenzvermittlungszentrum aufgebaut, in dem Professionelle der Sozialen Arbeit und Professoren unterschiedlicher Bereiche der Universität Palermo an in sozialen Bereichen Praktizierende für ihre Arbeit wichtige Methoden und Vorgehensweisen vermitteln. Momentan bezieht sich das Kompetenzvermittlungszentrum sehr stark auf pädagogische Inhalte und Methoden der Sozialen Arbeit (vgl. www.lanoce.org), aus bereits genannten Gründen wäre es sinnvoll, diese Kompetenzvermittlung auf Haltungen und Theorien der Sozialen Arbeit zu erweitern. Da es momentan an zur Verfügung stehenden Finanzierungen fehlt, müssen die Weiterbildungen aus dem eigenen Budget finanziert werden.

Der Nutzen solcher Kompetenzvermittlungszentren ist nahe liegend: Mit Hilfe solcher Zentren ist es der Antimafia-Bewegung mit Unterstützung der Sozialen Arbeit möglich, eine Vielzahl an Methoden zu entwickeln und auszubauen sowie diese an Aktivisten weiterzuvermitteln, jene können ihre Kompetenzen und Kenntnisse wiederum den Betroffenen zugänglich machen. Bedauernswert ist, dass es bisher (in Sizilien) nur wenige dieser pädagogischen Kompetenzvermittlungszentren gibt. Der notwendige Aufbau weiterer solcher Zentren scheint von bedeutender Relevanz. Zuletzt sollte noch einmal betont werden, dass eine akzeptierende Soziale Arbeit nur im Umgang mit Betroffenen, jedoch nie mit den Mafiosi eine Möglichkeit zur Arbeit darstellt, denn die Mafia wird jede Form von Toleranz und menschlicher Anerkennung sofort zu ihrem eigenen Nutzen umwandeln und in die falsche Richtung dirigieren wollen. Dies würde der Haltung der Legalität konsequenterweise entgegenwirken.

2.3 Eine Pädagogik der Legalität praktizieren

So wie die Mafia dafür Sorge trägt, ihre Existenz abzusichern, indem sie ihre Haltungen, Ansichten sowie Verhaltensweisen in eine von ihr dominierte Gesellschaft trägt, ist sie auch in der Lage, ihre personelle Reproduktion abzusichern. Tatsächlich ist sie ständig darum bemüht, für neuen Nachwuchs zu sorgen. Bereits in ihrer Gewalt vermittelnden Erziehung der Kinder versucht sie, dies zu erreichen. Das Denken der Mafia, ihre Haltung, ihre Ansichten bezüglich Gewalt vermitteln Mafiaeltern an ihre Kinder weiter. Normen, die die Kinder verinnerlichen sollen, um schon in jungen Jahren ihre Rolle in der Organisation einzunehmen.

Vor allem den Frauen kommt eine wichtige Aufgabe in diesem Bereich zu, sind sie es doch, die an ihre Kinder die Werte der Mafia weitergeben, die ihnen beibringen, deren Normen zu respektieren, die ihnen ein eigenes, moralisches Wertesystem fernab jeglicher demokratischer Richtlinien sowie fehlenden Respekt vor staatlichen Autoritäten vermitteln. Vordergründig lehren sie ihren Kindern das Postulat des Überlebens des Stärkeren, das die Elemente Toleranz gegenüber Gewalt und deren Anwendung zur Lösung von Konflikten beinhaltet (vgl. Frauen gegen die Mafia).

Die Männer der Familien führen ihre Kinder, die eine „Zukunft" in der Organisation haben sollen, in die geschäftlichen Aufgaben und die Umsetzung von

Gewalt in der Realität ein. Diese Umsetzung geschieht in kleinen Schritten und führt den „Lernenden" praktisch langsam an die Gewaltakte heran, wie der Professor für Gruppenpsychologie der Universität Palermo Girolamo Lo Verso folgerichtig in einem Interview erklärt:

> „Als Mafioso wirst du geboren, aber du wirst auch dazu gemacht (...) Mit zehn Jahren schaut deine Familie, ob du talentiert bist. Talentiert sein heißt, dass du andere Kinder verprügeln können musst, dass du wenig Angst hast. Mit elf Jahren könnte es sein, dass dir jemand einen Stock in die Hand drückt, auf ein Kind zeigt und dich auffordert, es zu verprügeln. Mit 14 sagen sie dir, nimm diese Pistole und erschieß den Hund da drüben. Ein paar Jahre später wirst du zu einem Mord mitgenommen und aufgefordert, nach dem Mord noch auf den Toten zu schießen. Und irgendwann nach all den Stufen bist du zum Killer geworden."[38]

Der zweite Weg zur Rekrutierung neuer Mitglieder oder Handlanger besteht darin, in einer von der Mafia dominierten Gesellschaft die dort ansässigen Menschen von sich zu überzeugen. Wie bereits erwähnt, überträgt die Mafia ihr Wertesystem auf die Gesellschaft. Dies betrifft vor allem Kinder und Jugendliche, die für die angeblichen Vorteile, die das Leben unter Mafiaschutz mit sich bringt, besonders empfänglich sind, ohne aber die negativen Seiten reflektieren zu können. Sie übernehmen die Werteorientierung der Mafia, weil sie sie sowohl als Perspektive einschätzen als auch als Vorbild betrachten.

Das Übertragen des Wertesystems ist an dem sich untereinander darstellenden Verhalten von Kindern und Jugendlichen zu erkennen. Ihr Verhalten spiegelt das mafiöse Wertekonzept mehr als ansatzweise wider. Die Mafia rekrutiert ständig neue Mitglieder und Handlanger aus ihrem gesellschaftlichen Umfeld. Nachfolgende Generationen versucht sie an ihre eigenen Wertevorstellungen zu binden (Deml, Sonja: Wenn ich gross bin, möchte ich Mafiaboss werden...).

Daher ist die Antimafia-Bewegung insbesondere in der Jugendarbeit bemüht unter anderem mittels einer positiven Haltung Gewalt, Klientelismus und Omertà entgegenzuwirken. Entsprechend versucht sie, die Lehren und die Erziehung der Mafia derart zu beeinflussen, dass die nachfolgende Generation sich für demokratische und lebensbejahende Werte entscheiden kann. Eine immense Anzahl von Institutionen und Einrichtungen der Antimafia-Bewegung sind im Bereich der Jugendarbeit tätig, zunehmend mit Unterstützung durch die Profession und durch Professionelle der Sozialen Arbeit.

Eine in diesem Bereich wichtige Einrichtung ist ohne Frage das Stadtteilsozialzentrum *Dipingi la pace* (Male den Frieden) im *Borgo Vecchio*, einem Viertel direkt am Hafen Palermos. Bis heute gilt *Borgo Vecchio* als Stadtteil, in dem viele arme Menschen leben. Insbesondere ist dort der Waffen- und Drogenhandel ausgeprägt. Die Einzigen, die in den armen Gebieten solcher Viertel profitieren, Geld verdienen und sich etwas leisten können, sind die Mafiosi, ihre Zuarbeiter und ihre Handlanger. Lange Zeit gab es in dem Viertel weder Schulen noch Straßenbeleuchtung, ein Zustand, der 1989 durch das Bestreben des örtlichen Pfarrers, Paolo Turturro, beendet wurde. Es war schließlich auch Turturro, der die Vereinigung *Dipingi la pace* (Male den Frieden) gründete, um für die Kinder des Viertels bessere Zukunftsaussichten zu erkämpfen. Vor allem ist das *Dipingi la pace* auf die Arbeit mit Betroffenen ausgelegt, die bereits in erste Kontakte mit der Mafia oder ihrem Umfeld getreten sind (vgl. www.dipingilapace.it).

Das *Dipingi la pace* organisiert seit seiner Gründung immer wieder Aktionen und Veranstaltungen, die es zum Ziel haben, die von der Mafia vertretenen Ansichten und Werte in Frage zu stellen und stattdessen den Nutzen von Werten wie Legalität, Toleranz oder Fairness aufzuzeigen. Spritzen von Drogenabhängigen, die in Kinderhände gelangt sind, tauscht das Zentrum gegen Sahneeis um und versucht gleichzeitig, Drogenaufklärung zu betreiben. In einer weiteren Aktion ließ sich Turturro von den Kindern seines Viertels Spielzeugpistolen und Spielzeugwaffen aushändigen und tauschte diese gegen Fußbälle ein. Auf diese Weise wollte er die Kinder motivieren, ohne die gewalttätige Symbolik der Mafia zu spielen (Deml, Sonja: Wenn ich gross bin, möchte ich Mafiaboss werden...).

Längst hat sich die Antimafia-Bewegung bemüht, eine *Pädagogik der Legalität* zu entwickeln, eine Art „Lehrplan", der Methoden und Vorgehensweisen beinhaltet, Kindern und Jugendlichen Inhalte wie Fairness, Legalität und Toleranz statt Omertà, Klientelismus und Gewaltanwendung gegen Schwächere zu vermitteln. Insbesondere in den 90er Jahren, in der Hochzeit der Antimafia-Bewegung, entwickelte die Bewegung stets neue, pädagogische Konzepte, auf die sich heutzutage aufbauen lässt. Diese Pädagogik bringt den Kindern und Jugendlichen ein demokratisches, selbstständiges, mitfühlendes und gerechtes Denken nahe. Sie sollen lernen,

> „...to shake the hands of their opponents at the conclusion of a match, to make peace with their enemies after a quarrel, and to be tolerant of the views of others, so that talking things through becomes an alternative to fighting."[39]

Natürlich geht es der *Pädagogik der Legalität* in erster Linie um die Einstellungen und Haltungen der in von der Mafia kontrollierten Vierteln Lebenden, in diesem Fall der Kinder und Jugendlichen. Ziel dieser Pädagogik und damit deckungsgleich der Antimafia-Bewegung ist es, bei den Minderjährigen einen Gesinnungswandel auszulösen, der sie befähigt, ihre Probleme, ihr soziales Umfeld und ihren

Alltag auf einem toleranteren Wege zu bewältigen, als dies von der Mafia vorgegeben wird. Einen Wandel der eigenen Haltung und Gesinnung hin zu Legalität und Lebensbejahung versucht die *Pädagogik der Legalität* Kindern und Jugendlichen in und außerhalb der von der Mafia dominierten Gebiete trotz aller Hindernisse zu ermöglichen.

In einem ersten Schritt versucht die Antimafia-Bewegung unabhängig von Beurteilungen zwischen Gut oder Schlecht, den Betroffenen bewusst zu machen, dass bestimmte Haltungen und die daraus resultierenden Taten konsequenterweise Folgen haben, von denen letztendlich die Mafia profitiert. Diese Einstellungen müssen daraufhin (auf unterschiedliche und alters angemessene Weise) reflektiert, besprochen, thematisiert werden, auch hinsichtlich der die Mafia glorifizierenden und verherrlichenden Aspekte.

Zudem will die Antimafia-Bewegung einen konstruktiven Austausch unter den Betroffenen über entsprechende Haltungen ermöglichen. So werden die Kinder und Jugendlichen in die Lage versetzt, neue konstruktive Erfahrungen sammeln zu können, die ihnen zeigen, dass auch andere Wege als die von der Mafia vorgegebenen parallel existieren.

Erst auf diese Weise kann mitunter ein Wandel in Haltung und Denken der Betroffenen stattfinden. Doch dieser Wandel beinhaltet oft und vor allem bei Menschen, die jeden Tag mit der Mafia leben müssen, einen schwierigen und langwierigen Weg voller Hindernisse - insbesondere angesichts einer Organisation, die sich so tief in die Gesellschaft verankert, wie die Mafia.[40] In den 90er Jahren hatte die *Pädagogik der Legalität* Hochkonjunktur. Angetrieben und weiterentwickelt von Lehrern, Sozialarbeitern, Erziehern und Psychologen (aber auch anderen Aktivisten der Antimafia-Bewegung), wurde sie sogar an Schulen und in Kindergärten umgesetzt. Noch im Jahr 1993 wurden die Thematiken Mafia und Antimafia mit in den Schulunterricht einbezogen. Bis 1998 hielten sich immerhin 620 Schulen an die Vorgaben dieses speziellen Lehrplans (vgl. Schneider, Jane und Peter: Reversible Destiny).

Die Antimafia-Pädagogik erfährt mittlerweile bei weitem nicht mehr die notwendige Aufmerksamkeit. Tatsächlich findet man in Italien kaum noch staatliche Schulen, deren Lehrplan die Ansprüche einer *Pädagogik der Legalität* berücksichtigen. Wenn doch, dann liegt es vorrangig am Engagement einzelner Lehrer. Der benannte Umstand hat primär finanzielle Gründe, denn die notwendigen Gelder für die Umsetzung eines Antimafia-Lehrplans stehen nicht mehr zur Verfügung, seitdem die Mafia auf spektakuläre Aktionen verzichtet. Umso wichtiger also, dass es Einrichtungen gibt, die weiterhin nach dem Lehrplan der *Pädagogik der Legalität* verfahren, mitunter sogar eigene Schulen und Kindergärten unterhalten, in denen Vertreter eine solche Pädagogik praktizieren (das *Centro Padre Nostro*, das *Centro Diaconale „La Noce" Istituto Valdese* und das *Dipingi la pace* unterhalten eigene Schulen und Kindergärten, in denen Lehrer, Erzieher, Sozialarbeiter und mitunter auch Therapeuten beschäftigt sind, vgl. Kapitel 3.1).

An Orten, an denen die Antimafia-Bewegung keine eigenen Schulen, Kindergärten oder andere Kinder- und Jugendeinrichtungen unterhält, bemüht sie sich, ortsansässige Institutionen aufzusuchen, um die dort lebenden Menschen über ihr pädagogisches Konzept aufzuklären. Ziel ist es, die Bereiche Mafia und Antimafia in den Schulen und Kindergärten zu thematisieren, Schwerpunkte zu besprechen und deren Auswirkungen zu reflektieren.

Die Aufklärungsarbeit belegt in der Antimafia-Arbeit im Kinder und Jugendbereich einen wichtigen Stellenwert, nicht zuletzt als Mittel, das Schweigen in der Bevölkerung systematisch zu brechen. Unterschiedliche didaktische Methoden kommen zum Einsatz, auch Methoden aus dem Bereich der Sozialen Arbeit wie beispielsweise die soziale Gruppenarbeit. Durchgeführt wird diese Arbeit (wenn nicht von engagierten Lehrern) von ehrenamtlichen Mitarbeitern, oftmals von Menschen, die aufgrund ihrer Lebensgeschichte Konfrontationen mit der Mafia erfuhren oder sich aus anderen, zumeist ganz persönlichen Gründen, mit der Mafia auseinandersetzten (vgl. Deml, Sonja: Wenn ich gross bin, möchte ich Mafiaboss werden...).

Insbesondere die Antimafia-Organisation *Addiopizzo* hat es sich zur Aufgabe gemacht, in Italien Kinder- und Jugendeinrichtungen zu besuchen, um dort die Schwerpunkte Mafia und Antimafia zu thematisieren. *Addiopizzo* wurde im Jahr 2004 auf Initiative mehrerer junger Menschen, die eine Kneipe in Palermo eröffnen wollten, gegründet. Irgendwann mussten sie sich die Frage stellen, was sie täten, wenn die Mafia auftauchen und Schutzgeld verlangen würde. Sie beschlossen gemeinsam, kein Schutzgeld zu zahlen. Sehr schnell wurde ihnen klar, dass dieser Vorsatz der Existenz ihrer Kneipe ein vorzeitiges Ende bereiten würde.

Deshalb entschied sich diese Handvoll junger Leute, eine Organisation zu gründen, die die Zahlung von Schutzgeldern bewusst ablehnt. Seit dem damaligen Zeitpunkt ist die Organisation unablässig expandiert. Medienwirksame Aktionen verhalfen *Addiopizzo* zu Wachstum. Mittlerweile konnte das Angebot der Leistungen der Organisation stetig erweitert werden – von Unterstützung beim Widerstand gegen Schutzgeldzahlungen auf verschiedenen Ebenen, Urlaubsreisen für Kinder aus armen Familien bis hin zu Aufklärungen in Schulen und anderen Kinder- und Jugendeinrichtungen. *Addiopizzo* wird ausschließlich von ehrenamtlichen Mitarbeitern getragen (vgl. www.addiopizzo.org).

In den Augen vieler Jugendlicher bietet die Mafia allerdings nicht nur eine Perspektive, Geld zu verdienen um sich ein besseres Leben aufzubauen. Durch ihren geheimen, elitären und verschwörerischen Charakter wirkt die Mafia für viele wie eine Familie, in der sie Zusammengehörigkeit und vor allem Anerkennung erleben können. Deshalb bemüht sich die Antimafia-Bewegung, Kindern und Jugendlichen einen Ersatz zu bieten. Einrichtungen wie das *Dipingi la pace*, *Addiopizzo*, das Centro *Padre Nostro* oder das *Centro Diaconale „La Noce" Istituto Valdese* organisieren Veranstaltungen im Rahmen der Erlebnispädagogik, zum Beispiel Ausflüge aber auch Keramik-, Mosaik-, Musik-, Sprach- oder Computerkurse, Sporttraining und offene Treffen. Diese Veranstaltungen, insbesondere die offenen Treffen, sollen nicht nur einen bildungstechnischen Aspekt erfüllen, sondern eine Alternative zu der fragwürdigen und nur oberflächlich solidarischen „Familie" der Mafia darstellen, den Kindern und Jugendlichen Erfolgserlebnisse vermitteln, einen Ruheraum sowie Rückzugsort bieten und vor allem Spaß machen (vgl. www.dipingilapace.it, www.addiopizzo.org , www.lanoce.org oder www.centropadrenostro.it).

Aber gerade im Bereich der Erlebnispädagogik ist die Antimafia-Bewegung momentan nur sehr punktuell ausgerichtet. Sie benötigt eindeutig einen Plan zur Ausweitung ihrer Aktivitäten, denn die zentrale Macht der Aspekte Zusammengehörigkeit, Anerkennung und Spaß, wie sie von der Mafia geboten werden, um Mitglieder an die Organisation zu binden (vgl. Lodato, Saverio: Ho ucciso Giovanni Falcone), sollte nicht unterschätzt werden. Deshalb ist es notwendig, dass die Soziale Arbeit gemeinsam mit der Antimafia-Bewegung ihre Leistungsangebote in diesem Bereich erweitert um dem Ziel, irgendwann flächendeckend agieren und effektiv Rekrutierungsmaßnahmen der Mafia vereiteln zu können, näher zu kommen.

Da die Mafia einen großen Teil ihres Nachwuchses (insbesondere die späteren Bosse und Mitglieder höherer Ränge) durch Erziehung in von der Mafia infiltrierten Familien, eben Familien von Mafiamitgliedern und deren Verwandten bezieht, sieht es die Antimafia- Bewegung als eines der vordergründigen Ziele an, traditionelle von der Mafia genutzte Familienhierarchien zu zerschlagen und sogar aufzulösen. Diese Hierarchien spiegeln die traditionelle Rollenverteilung eines jeden Mitgliedes innerhalb der Familie wider, also das Verhältnis zwischen Ehemann und Ehefrau, zwischen Eltern und Kindern, zwischen Brüdern und Schwestern und so weiter. Die Mafia profitiert von strikten, absolut festgelegten Rollenmustern, die in vielen Familien in Sizilien, besonders außerhalb großer Städte, vorhanden sind und deren Verstoß mit entsprechenden, gegebenenfalls auch gewalttätigen Bestrafungen geahndet wird:

> „Die Familie bildet eine isolierte (...) Gruppe, in der die weiblichen und männlichen Rollen durch die Familienbande genau festgelegt sind. Vertrauen herrscht nur unter den Blutsverwandten. Genau auf diesem System basiert die Mafia (...) so können negative [für die Mafia vorteilhafte] Werte entstehen und übertragen werden."[41]

Besonders schädigend wirkt sich diese Rollenverteilung aus, weil durch sie Ungleichheit produziert wird, insbesondere, jedoch keineswegs ausschließlich zwischen weiblichen und männlichen Familienmitgliedern. Diese Ungleichheit ist mit der *Pädagogik der Legalität* und der sich daraus entwickelnden Fairness nicht zu vereinbaren:

> „Whether women or men, antimafia teachers [und Aktivisten] question the long-standing Sicilian practice of defining the male head of household as a padre padrone, entitled to keep his wife and children, above all his daughters, in submissive roles. How can democratic values be advanced if half of society is treated as second-class?"[42]

Die Antimafia-Bewegung versucht daher mit Hilfe ihrer Pädagogik, Gleichheit zwischen den Geschlechtern sowie zwischen Menschen unterschiedlicher Herkunft zu schaffen. In Jugendeinrichtungen der Antimafia, in der auch Sozialarbeiter tätig sind, beteiligen sich Mädchen an Spielen, die traditionell Jungen vorbehalten sind wie beispielsweise Fußball. Die Mädchen lernen, dass sie selbst in der Lage sind, über ihr Leben zu bestimmen, sie erhalten den Freiraum, im Rahmen der Möglichkeiten der Jugendeinrichtungen an Entscheidungen zu partizipieren.

Dennoch ist die Familie in jeder Gesellschaft von großer Bedeutung und zwar als Rück- und Absicherung der Mitglieder einer Familie bei Problemen jeglicher Art. Man unterstützt sich gegenseitig, weil man einer Familie zugehörig ist. Familie fungiert für ihre Mitglieder also als Schutz vor drohenden Gefahren. Erst das stetige und kontinuierliche Auflösen familiärer Systeme machte das umfangreiche Anwachsen der Sozialen Arbeit unumgänglich, um eben diesen durch den Wegfall der Familie zugleich entfallenen Schutz zu kompensieren (vgl. Boeckh, Jürgen; Huster, Ernst-Ulrich und Benz, Benjamin: Sozialpolitik in Deutschland). Dieser Aspekt bedeutet zwar nicht, dass rigide Strukturen und Rollenverteilungen nicht aufgebrochen und verändert werden müssen. Dennoch sollte die Struktur der Familie, das System Familie als unterstützendes Ganzes, erhalten bleiben – was für die Professionellen und Ehrenamtlichen keine leichte Aufgabe darstellt, was ein ständiges reflektieren und differenzieren der Situationen und Beziehungen notwendig macht (vgl. Schneider, Peter und Jane: Reversible Destiny).

Insbesondere dieser sehr sensible Bereich wird professionell von Sozialarbeitern begleitet. Das *Centro Diaconale „La Noce" Istituto Valdese* beispielsweise besitzt sogenannte Hauserziehungsgruppen, in denen Sozialarbeiter mit Familien arbeiten, sie unterstützen, eigeninitiativ Kontakt zu Ämtern und Behörden aufzunehmen, um deren Interessen nach Möglichkeit durchsetzen zu können, ohne dass diese auf die fragwürdige Hilfe der Mafia zurückzugreifen müssen. Die Sozialarbeiter helfen auch, klassische Familienrollen und -hierarchien analysierend zu reflektieren, um gleichzeitig die Familie der Klienten zu erhalten und zu stabilisieren. Die Hauserziehungsgruppen stehen in enger Zusammenarbeit mit dem Jugendamt. Ein Hauserziehungsdienst für eine Familie muss als *Hilfe zur Erziehung* (in Deutschland §§ 27 ff. SGB VIII, vgl. Stascheit, Ulrich: Gesetze für Sozialberufe) beantragt werden. Auch andere Sozialzentren wie beispielsweise das *Centro Padre Nostro* verfügen über solche Einrichtungen, die zwar unterschiedliche Namen tragen, sich in ihrer Arbeit aber nur geringfügig unterscheiden.

Im Falle von Familien, die zum Beispiel aufgrund unterschiedlicher Positionierungen gegenüber der Mafia (diese zwingt Angehörige in der Regel zu Kontaktabbrüchen, wenn Familienmitglieder, egal welchen Geschlechts oder Alters, sich gegen die Organisation wenden), aber auch aufgrund anderer Probleme zersplittern und nicht mehr als Ganze oder überhaupt nicht mehr existieren, muss die Soziale Arbeit für eine Kompensation des Verlustes sorgen. Auch in diesen Bereichen arbeitet sie eng mit der Antimafia-Bewegung zusammen, die sich ebenfalls bemüht, eine Kompensation für diesen Wegfall zu finden. In manchen, in Mafiagebieten leider seltenen Fällen, sind Eltern und ihre Familien zu einer Teilnahme an *Hilfen zur Erziehung* bereit. Diese können beispielsweise in den bereits benannten Einrichtungen stattfinden. Verweigern Eltern eine Teilnahme an einer *Hilfe zur Erziehung*, dann muss das Jugendamt mitunter zu drastischen Maßnahmen greifen und eine Inobhutnahme durchführen, um das Wohl des Kindes zu gewährleisten.

Wird ein Kind vom Jugendamt aus der Familie genommen, dann wird es von den Familiengerichten über das Jugendamt mitunter an Antimafia-Einrichtungen, primär an Sozial- und Gemeindezentren wie das *Centro Padre Nostro* oder das *Centro Diaconale „La Noce" Istituto Valdese* übergeben. Viele Einrichtungen der Antimafia besitzen Familiengruppen, in denen Sozialarbeiter, Erzieher und manchmal auch Psychotherapeuten zusammen mit den aus der Familie genommenen Kindern leben. Das *Centro Diaconale „La Noce" Istituto Valdese* unterhält eine Gruppe für Säuglinge und Kleinkinder bis zu fünf Jahren. In Ausnahmefällen können auch die Mütter mit in diese Gruppe einziehen, beispielsweise, wenn sie aufgrund von Gewalt, ausgeübt durch den Lebenspartner, ihre Wohnung alternativlos verlassen müssen.[43] In einer zweiten Gruppe leben Kinder und Jugendliche im Alter von sechs bis sechzehn Jahren. Auch ausgesetzte Säuglinge und Kinder, die zur Adoption freigegeben wurden, für die jedoch keine Familie gefunden wurde, werden in den Familiengruppen des *Centro Diaconale „La Noce"* Istituto *Valdese* untergebracht (vgl. http://www.lanoce.org , www.centropadrenostro.it).

Auch innerhalb dieser Einrichtungen verfolgen die Erzieher und Sozialarbeiter das Primat der *Pädagogik der Legalität*, um den dort lebenden Kindern und Jugendlichen zu ermöglichen, Alternativen zu Omertà, Klientelismus und Gewalt gegen Schwächere zu entdecken. Das Unterbringen von gefährdeten Kindern in sozialen Einrichtungen der Antimafia-Bewegung verschafft den Kindern also nicht nur den notwendigen Schutz, ihr Leben ohne mögliche Gefährdung fortsetzen zu können, sondern die Maßnahme soll die Kinder gleichfalls befähigen, alternative Verhaltensweisen zu erlernen, die im totalen Gegensatz zu dem bisher von ihnen Erlebten stehen.

An dieser Stelle sei zu erwähnen, dass sich selbst bei Gefährdung die Herausnahme eines Kindes aus einer Mafiafamilie als äußerst schwierig darstellt. Kindeswohlgefährdungen gehören in Mafiafamilien zum Alltag, immerhin beinhaltet eine Erziehung nach Mafia-Art Gewaltanwendungen unterschiedlichster Art. Aber für Außenstehende, beispielsweise Sozialarbeiter, wird eine Gefährdung kaum zu erkennen und keinesfalls zu beweisen sein, vorausgesetzt die Mafia-Eltern verstehen ihr Handwerk und können Beweise vertuschen. Keiner wird über den Umgang mit dem betroffenen Kind reden, die Omertà schützt die Familie vor Repressalien.

Die von Gewalt bestimmte Erziehungspraxis der Mafiafamilien begleitet von den erschwerten Umständen ihrer Nachweisbarkeit haben Mafiagegner zu der Forderung veranlasst, Kinder aus Mafiafamilien allein aus dem Grunde in Obhut zu nehmen, weil sie ansonsten der gewaltbejahenden Erziehung der Mafia ausgesetzt sind. Diese Konsequenz sollte allerdings mit all ihren Folgen genauestens überdacht werden, ist Sozialarbeitern doch schon längst bewusst, welche Folgen und Risiken für Kinder entstehen, wenn sie aus ihrer Familie genommen und von ihren Eltern entfernt werden. Kinder lieben ihre Eltern, das ist gut und normal. Wenn sie ihre Eltern verlieren, führt dies zu Schädigungen. Die Kinder von Mafiamitgliedern können im Endeffekt nichts dafür, dass sie in eine Mafiafamilie hineingeboren wurden. Auf der anderen Seite sind diese Kinder der Erziehung der Mafia ausgesetzt und werden später höchstwahrscheinlich auf die eine oder andere Weise im Sinne der Organisation tätig.[44]

Deshalb ist es die Pflicht der Sozialen Arbeit und der Antimafia-Bewegung, die von der Erziehung der Mafia betroffenen Kinder zu unterstützen und ihnen zu helfen. Die Soziale Arbeit muss sich diesem Problem stellen, da es ihre Aufgabe ist, Gefährdung von Kindern zu verhindern, die Antimafia-Bewegung, weil sie so vielleicht eine Möglichkeit findet, um den Kindern ein soziales Miteinander in der

2.3 Eine Pädagogik der Legalität praktizieren

Gesellschaft zu ermöglichen. Aber ob jedoch eine Herausnahme aus der (Mafia-) Familie eine Hilfe darstellt, muss sehr genau überlegt und im Einzelfall abgewogen werden. Eine Pauschalisierung gemäß *„jedes Kind aus einer Mafiafamilie muss aus der Familie genommen werden"*, scheint da wenig hilfreich – aber die Mafia verhindert andererseits mit ihren perfiden Mitteln wie Klientelismus und Omertà jegliche Möglichkeit, einen Fall individuell zu betrachten. An dieser Stelle soll nicht näher auf diese Problematik eingegangen werden, da dieses Thema wahrscheinlich eine weitere Abhandlung doppelten Umfangs füllen würde. Außerdem ist es zu wichtig, um oberflächlich abgehandelt zu werden.

3 Arbeit an den von der Mafia verursachten Folgen

3.1 Perspektiven erarbeiten ...

Die Mafia profitiert von den Umständen, die sie in ihrem Umfeld vorfindet. Sie ist in der Lage, diese geschickt auszunutzen, sei es auf politischer, wirtschaftlicher, gesellschaftlicher oder sogar auf krimineller Ebene. Tatsächlich hat sie ein ambivalentes Verhältnis sowohl zur Kleinkriminalität als auch zu anderen kleinkriminellen Clans, die weniger gut organisiert sind. Einerseits geht sie erbarmungslos gegen jede Form von Kleinkriminalität vor und bestraft andere Kriminelle, die auf ihrem Territorium tätig werden, um entweder Stimmen bei der Bevölkerung eines Viertels zu sammeln, ein Exempel zu statuieren, um zu verdeutlichen, wer der Stärkere ist, oder aber um polizeiliche Interventionen in einem Gebiet zu verhindern.[45] Gelegentlich kann es dann zu richtigen Kriegen zwischen der Mafia und den kleinkriminellen Clans kommen, die die Mafia bisher jedoch meist auf langfristige Sicht durch ihre Erfahrungen und ihren internationalen Einfluss gewinnen konnte (vgl. Arlacchi, Pino: Mafia von Innen).

Aber während die Mafia die Kleinkriminalität auf der einen Seite verfolgt und bestraft, rekrutiert sie gleichzeitig aus deren Reihen Handlanger für untergeordnete Aufgaben. Solche Aufgaben können darin bestehen, die Reifen eines Autos kaputt zu stechen oder ein Haus anzuzünden. Außerdem vertreibt die Mafia an die Kleinkriminellen Drogen, die diese beispielsweise in sozialen Brennpunkten verkaufen. Die Mafia muss auf diese Weise nicht direkt in Erscheinung treten, da Fall der Enttarnung nur die kleinen Verbrecher entlarvt, verhaftet und verurteilt werden, nicht aber die eigentlichen Drahtzieher.

In der Regel befinden sich Kleinkriminelle in einem Zwiespalt zwischen Angst gegenüber der kriminellen Organisation und dem Nutzen, den sie aus ihr ziehen, indem sie durch erteilte Aufträge Geld verdienen, auf das sie sonst keinen Zugriff hätten. Auch Bewunderung für den Lebensstil der Mafiosi treibt sie dazu, sich von ihnen immer wieder anwerben zu lassen, in der Hoffnung, irgendwann zu einem Teil der Organisation zu werden. Was allerdings nur sehr selten geschieht, denn in der Regel rekrutiert die Mafia ihre Mitglieder immer noch aus den eigenen Reihen, aus ihren Familien (vgl. Schneider, Peter und Jane: Reversible Destiny).

Aus diesen Gründen bemüht sich das Sozialzentrum *Dipingi la pace* darum, Kinder und Jugendliche aus den Fängen der Kriminalität zu befreien um ihnen eine neue Perspektive, eine Alternative zum kriminellen Leben zu geben. Insbesondere in dem Viertel Palermos, in dem das *Dipingi la pace* arbeitet, das *Borgo Vecchio*, stellt Kriminalität ein massives, sich schnell ausbreitendes Problem dar, dem auch schon Kinder und Jugendliche verdingt als Dealer für Waffen und Drogen, als Räuber, Taschendiebe oder Einbrecher in die Hände fallen. Das *Dipingi la pace* will den Kindern und Jugendlichen eine bessere Zukunft abseits der Mafiastrukturen, der Kriminalität und der von der Mafia vertretenen Wertevorstellungen geben, wie es das Sozialzentrum in seinen Statuten festgelegt hat:

> „Die Vereinigung von Don Paolo [Leiter des Dipingi la pace] kämpft seit vielen Jahren um Kindern eine Hoffnung zu geben, eine bessere Zukunft, um ein Bewusstsein des Friedens und ohne Omertà zu entwickeln..."[46]

Dies versucht das Sozialzentrum auf unterschiedliche Weise zu erreichen, beispielsweise indem es den Kindern und Jugendlichen eine Möglichkeit gibt, ihre Freizeit abseits der Straße und somit abseits eines kriminellen Umfeldes zu gestalten. Unterstützt und begleitet werden diese Kinder und Jugendlichen in ihrer Freizeitgestaltung von Erziehern, Sozialarbeitern, Absolventen eines freiwilligen sozialen Jahres (auch aus Deutschland) und anderen freiwilligen Mitarbeitern (vgl. www.dipingilapace.it).

Da Kriminalität als solche das Wirken der Mafia begünstigt, sind Einrichtungen der Antimafia-Bewegung bemüht, bereits vorbestraften Menschen einen Ausstieg aus dem kriminellen Leben zu ermöglichen um ihnen eine Lebensperspektive abseits der Kriminalität zu geben. Insbesondere das Sozialzentrum *Centro Padre Nostro*, das Anfang der 90er Jahre von dem von der Mafia ermordeten Padre Puglisi aufgebaut wurde, ist in diesem Bereich aktiv. Straffällige, die noch auf ihren Prozess warten, erhalten unter Umständen die Möglichkeit, über das *Centro Padre Nostro* in Arbeit vermittelt zu werden, an Schulkursen teilzunehmen, um einen Schulabschluss nachzuholen und an auf das Individuum angepasste Kurse angebunden zu werden, wie beispielsweise Anti-Aggressionstraining oder diverse therapeutische Unterstützungsmaßnahmen.

Diese Resozialisierungsprojekte zielen darauf ab, neue Verhaltensweisen und Konfliktstrategien zu erlernen, um den Betroffenen gleichzeitig die Möglichkeit zu geben, ein von der Mafia unabhängiges Leben zu führen. Nehmen die straffällig gewordenen Menschen an dem Angebot des *Centro Padre Nostro* teil, dann erhalten sie Hafterleichterungen, bei manchen Delikten auch Haftverschonung. Im *Centro Padre Nostro* arbeiten Lehrer, Sozialarbeiter und Therapeuten sowie im Betreuungsfall von Jugendlichen auch Erzieher mit den straffällig gewordenen Menschen zusammen (vgl. www.centropadrenostro.it). Auch das *Centro Diaconale „La Noce" Istituto Valdese* bietet Kurse und Programme an, an denen Straffällige teilnehmen können, um Hafterleichterungen und in manchen Fällen sogar Haftverschonungen zu erlangen (vgl. www.lanoce.org).

Vor allem zwei Faktoren begünstigen das Entstehen von Kriminalität und das Abrutschen in kriminelle Strukturen: Der akute Mangel an Arbeitsplätzen beziehungsweise Möglichkeiten, einen Bildungsabschluss zu erlangen, der einem Menschen Perspektiven eröffnet, um sich ein selbstständiges und legales Leben aufbauen zu können. Die Parallelen zwischen fehlender Bildung und Verbrechen sind offenkundig. Anfang des neuen Jahrtausends hatten immerhin 76 Prozent aller in Italien straffällig gewordenen Jugendlichen nur die Grundschule besucht oder waren gar Analphabeten (Deml, Sonja: Wenn ich gross bin, möchte ich Mafiaboss werden...). Allein die signifikanten Aussagen dieser Statistik sprechen für sich. Wenn die Jugendlichen keine Perspektive sehen, weil es ihnen einerseits an Qualifizierungen und andererseits an Zugang zu einfachen Arbeitsverhältnissen fehlt, sehen sie in der Kriminalität oft ihren einzigen Weg, um den notwendigen Lebensunterhalt zu sichern.

Den Armenvierteln Palermos fehlt es an Schulen und daraus schlussfolgernd an Möglichkeiten, einen Schulabschluss zu erwerben. Gerade einmal 10 Prozent der dort lebenden Kinder und Jugendlichen absolvierten Anfang des neuen Jahrtausends einen Grundschulabschluss (vgl. Deml, Sonja: Wenn ich gross bin, möchte ich Mafiaboss werden...). Oftmals mangelt es in einem Viertel an staatlichen Schulen, existieren solche, dann sind sie meist schlecht ausgestattet und ebenso unzureichend finanziert. Dies liegt einerseits an der mangelnden Unterstützung durch den Staat, andererseits an der Tatsache, dass die Mafia sehr bemüht ist, Finanzen für sich selbst abzuzweigen. Folgerichtig sorgt sie somit automatisch dafür, dass Zustände ihren Interessen entsprechend erhalten bleiben.

Aufgrund der benannten Gründe hat sich die Mafia in der Vergangenheit sehr darum bemüht, das Entstehen von Schulen und ähnlichen Bildungseinrichtungen in von ihr kontrollierten Gebieten mit allen Mitteln zu verhindern – sei es durch geschicktes Abzweigen von für die Schulen bestimmten Geldern oder aber durch Anwendung von purem Vandalismus. Die durch die Mafia und deren Verbündete verursachten Zustände waren insbesondere in den 80er Jahren in Palermo so schlecht, dass Schulunterricht in angemieteten (und eigens von der Mafia vermieteten) Privaträumen stattfinden musste. Eine entsprechende Schule befand sich sogar in einer Etage direkt unter einem Bordell.

Noch bis heute sind die wenigsten staatlichen Schulen Siziliens wirklich auf die Bedürfnisse der Kinder und Jugendlichen ausgerichtet, schon gar nicht auf die delinquenter Schüler. Allzu schnell endet die Schullaufbahn eines straffällig gewordenen Schülers mit einem Verweis, der ihn mitunter zwingt, die Schule zu verlassen, obwohl längst klar ist, dass ein Schulverweis oftmals den direkten Weg in die Kriminalität bedeutet (vgl. Schneider, Peter und Jane: Reversible Destiny).

Um die genannten internen Probleme lösen zu können, könnte sicherlich die Schulsozialarbeit unterstützend intervenieren. Schulsozialarbeiter wären auf der einen Seite in der Lage, interne Probleme sowie daraus resultierende Schwierigkeiten mit den ihrer Profession eigenen Kenntnissen zu betrachten. Gleichzeitig könnten sie eine Verbindung zwischen den Schülern, den Lehrern und anderen innerhalb der Schule tätigen Berufsgruppen schaffen. Auf diese Weise könnten Möglichkeiten gefunden werden, auffällige Schüler schulisch zu integrieren, statt sie zu verweisen, um sie letztendlich sich selbst und der Straße zu überlassen. Da es den staatlichen Schulen in Sizilien aber oftmals an den nötigen finanziellen Mitteln fehlt, dürfte es schwierig sein, auch noch Schulsozialarbeiter zu engagieren.

Einrichtungen der Antimafia-Bewegung versuchen daher, den Kindern und Jugendlichen eine Alternative zu den staatlichen Schulen zu bieten, die auch Eltern armer Kinder mittragen können. Sie müssen natürlich auch delinquente sowie verhaltensauffällige Schüler beachten. Dies ist ein aktiver Versuch, dem Treiben der Mafia entgegenzuwirken. Das *Dipingi la pace* beispielsweise unterhält Einrichtungen, in denen Jugendliche nicht nur einen regulären Schulabschluss absolvieren können, sondern zugleich einen Rückzugsort finden, der ihnen die notwendige Ruhe ermöglicht, um sich ihren schulischen Pflichten zuwenden zu können. Außerdem gibt es in den Schulen ein warmes Mittagessen. Für Erwachsene bietet das *Dipingi la pace* den Besuch einer Abendschule an, in der diese einen qualifizierten Abschluss nachholen um sich möglicherweise eine bessere Lebensperspektive erarbeiten können. Unterstützt werden die Lehrer gegebenenfalls von Erziehern und Sozialarbeitern (vgl. www.dipingilapace.it).

Auch das *Centro Diaconale „La Noce" Istituto Valdese* unterhält Grund- sowie weiterführende Schulen, ebenso Sonderschulen, in denen spezielle Sonderpädagogen mit sich auffällig entwickelnden Kindern arbeiten. Das *Centro Padre Nostro* betreibt ein Programm namens *Palermo e Svizzera abitano insieme*. Jugendliche aus sozialen Brennpunkten Palermos, vor allem aus *Brancaccio*, werden in der Schweiz im ländlichen Umfeld untergebracht, wo sie für ein Jahr in einer entspannten Umgebung leben können. Auf diese Weise werden sie dem direkten Einfluss der kriminellen Banden entzogen. In der ländlichen Umgebung der Schweiz sollen die Kinder lernen, ohne Gewalt zu leben und Vertrauen zu schöpfen sowie ebenso schenken zu können. Sie erhalten die Möglichkeit, demokratische Gesetze und Werte kennenzulernen. Die Kinder und Jugendlichen können einen Einblick in eine Welt gewinnen, in der die Mafia keine hervorgehobene Rolle spielt. Ein relevanter Bestandteil des Programmes ist die Vermittlung eines strukturell geregelten Lebensalltags. Im Programm *Palermo e Svizzera abitano insieme* arbeiten sowohl Lehrer als auch Erzieher und Sozialarbeiter gemeinsam (vgl. www.centropadrenostro.it).

Die Schattenseiten des Programms liegen jedoch praktisch auf der Hand: Dessen Nachhaltigkeit muss man zu Recht anzweifeln. Zwar entwickelt sich bei den meisten Jugendlichen eine grundlegende Verhaltensänderung, eine Änderung ihrer Haltung gegenüber Thematiken wie Gewalt oder Mafia. Wenn sich die Jugendlichen jedoch nach einem Jahr wieder in ihrem alten, gewohnten Umfeld befinden, kann man kaum davon ausgehen, dass sie die in der Schweiz erlernten Kompetenzen weiterhin umsetzen. Zumal ihr Umfeld eben keineswegs nach den in der Schweiz gelebten Prinzipien handelt und die mafiös Agierenden alle verfügbaren und nützlich erscheinenden Mittel einsetzen werden, um von ihr divergierende Verhaltens- und Denkweisen zu unterbinden.

Doch der eigentliche Vorteil des Programms und der daraus resultierende Nutzen liegen sowieso in einem anderen Bereich. Die teilnehmenden Jugendlichen werden über das Programm in die Lage versetzt, ihren Schulabschluss nachzuholen. Diese Möglichkeit eröffnet den Jugendlichen eine neue Perspektive. Während in Sizilien nur wenige Jugendliche in sozialen Brennpunkten einen Schulabschluss erreichen, verzeichnet diesbezüglich das Programm *Palermo e Svizzera abitano insieme* eine hervorragende Quote (vgl. www.centropadrenostro.it). Allein dieser Umstand rechtfertigt die Existenz des Programmes, da Bildung eines der wichtigsten Güter der Menschen ist und die Chancen auf Partizipation an der Gesellschaft erheblich steigert.

Sozialarbeiterische Betätigung geht weit über das Errichten und Betreiben von Bildungsangebote zur Verfügung stellende Sozialzentren hinaus. Soziale Arbeit findet in sozialen Brennpunkten Palermos ebenso in Form einer aufsuchenden Sozialarbeit statt, die das Ziel verfolgt, mangelnde Grundbedürfnisse der benachteiligten Menschen zu befriedigen. Die benannten Hilfen werden nicht nur von Einzelpersonen, sondern ebenso von vielen Familien genutzt. Vorrangig spielt die Versorgung mit Kleidung und Nahrung eine zentrale Rolle. Eine entsprechende

Versorgung mit Grundbedürfnissen wirkt bis zu einem gewissen Grade der Entwicklung von Kriminalität entgegen. Menschen, die ihr notwendiges Verlangen nach Grundbedürfnissen nicht über legale Wege befriedigen können, greifen auf illegale Mittel zurück. Das ist mehr als nachvollziehbar, immerhin sind Dinge wie Nahrung, Wohnraum oder Kleidung für jeden Menschen überlebensnotwendig (vgl. Deml, Sonja: Wenn ich gross bin, möchte ich Mafiaboss werden...).

Die Basis für einen regelmäßigen Schulbesuch und das Erreichen eines Abschlusses bildet eine funktionierende Familie, deren Grundbedürfnisse erfüllt werden. Das heißt, dass im Hintergrund der Kinder und Jugendlichen eine Familie stehen muss, die nicht gezwungen ist, ihren Lebensunterhalt durch illegale Wege oder schlecht entlohnte Arbeit sicherzustellen. Kinder und Jugendliche aus betroffenen Familien können Schulen nicht besuchen, da sie ihre Zeit aufwenden, um den Lebensunterhalt der Familie mitzuverdienen. Oftmals sind solche Kinder und Jugendliche folgerichtig, allein schon aus Sorge um die finanzielle Zukunft der eigenen Familie, besonders empfänglich für die vermeintlich helfenden Angebote der Mafia.

Michela Buscemi ist in einer armen Familie aufgewachsen. Ihre Brüder wurden kriminell, handelten mit Waffen und wurden geschäftlicher Streitigkeiten wegen von der Mafia ermordet. Später stellte sich die Schwester als Kronzeugin zur Verfügung und sagte nicht nur über die kriminellen Geschäfte ihrer Brüder, sondern auch gegen die Mafia und die Mörder aus ihren Reihen aus. Mittlerweile ist Michela Buscemi seit mehr als zwei Jahrzehnten in der Antimafia-Bewegung tätig. Sie weiß, wovon sie spricht, wenn sie erklärt, welchen Anteil Kinder in einer armen, unterversorgten Familie übernehmen müssen. Das bedeutet, bereits im Kindesalter für die Familie Sorge tragen zu müssen. Sie weiß, wie verlockend die Angebote der Mafia in einer ausweglosen Situation sein können, denn sie lernte als Minderjährige dieses Leben kennen:

> „Wenn sie gezwungen worden wären, schon mit zwölf Jahren in der Nacht durch die Stadt [Palermo] zu ziehen, um Pappe zu sammeln, und von den paar Lire, die Sie für diese schmutzige Arbeit bekommen, leben müßten [sic!], vielleicht noch kleinere Geschwister zu versorgen hätten, dann würden sie auch verstehen, dass man leicht verführbar ist, einmal ein krummes Ding zu drehen und zum Handlanger der Mafia zu werden."[47]

Kinder unterversorgter Familien müssen sehr früh für sich und die Familie Verantwortung übernehmen, indem sie bereits in jungen Jahren arbeiten. Sie nehmen oftmals Kriminalität und Mafia als Möglichkeit hin, die Versorgung ihrer Familie zu gewährleisten. Ihnen bleibt keine Zeit, Schulen zu besuchen. Sie werden durch schwerwiegendere Sorgen belastet und wenden sich ihrem subjektiven Empfinden entsprechend wichtigeren Dingen zu als einem Schulabschluss. Die Versorgung der Familien mit Gütern, die ein Grundbedürfnis darstellen, spielt in mehrfacher Hinsicht eine tragende Rolle. Daher ist das angebotene Leistungsspektrum der aufsuchenden Sozialen Arbeit in sozialen Brennpunkten so enorm wichtig, auch aus Sicht der Antimafia-Bewegung. Natürlich wäre es noch besser, die Familien dahingehend zu befähigen, ihre Versorgung auf einem eigenständigen, ihren Kindern gerecht werdenden Weg sicherzustellen, anstatt sie von Kleidungs- und Nahrungsabgaben abhängig zu machen. Das würde ein umfassendes Angebot an legalen Arbeitsplätzen voraussetzen, aber legale Arbeit für gerechten Lohn ist in einem Gebiet wie Sizilien, in dem allein drei Viertel der Jugendlichen ohne Arbeit leben muss, ein rares Gut.[48]

Eine Verbindung zwischen fehlender Arbeit und Kriminalität ist offenkundig. Menschen, die nicht wissen, wie sie ihr Leben finanzieren sollen, greifen zu kriminellen Mitteln um ihr Überleben zu sichern. Auch wenn die Beweggründe für kriminelle Handlungen divergieren, ist eine direkte Verbindung kriminellen Verhaltens mit dem Ziel der Bereicherung zu minder bezahlten und demütigenden Arbeitsverhältnissen sowie akuter Arbeitslosigkeit nicht zu verleugnen. Der Mafia ist sehr daran gelegen, die absolute Kontrolle über Unternehmen in von ihr beherrschten Gebieten zu erlangen. Dies gelingt ihr auf unterschiedliche Weise (nicht alle Schutzgeldzahler sind Opfer, vgl. Kapitel 1.2). Vorrangig sieht die Mafia die Einflussnahme auf den Arbeitsmarkt als gute Möglichkeit, ihre Interessen umzusetzen. Sie bindet Unternehmen an ihre Vorgaben und vermittelt Arbeitsplätze. Die durch die Mafia in einem Unternehmen Arbeit findenden Menschen gehen der Organisation gegenüber Verpflichtungen ein, wie beispielsweise das festgelegte Wählen eines bestimmten Politikers zu Gunsten der Organisation. So profitiert die Mafia in dreifacher Hinsicht: Sie übernimmt eine Kontrollfunktion über die Bevölkerung, übt zugleich politischen Druck aus und kann sich erneut als Gönner darstellen (vgl. Arlacchi, Pino: Mafia von Innen).

Die genannte Strategie der Mafia darf keinesfalls heruntergespielt werden, vor allem, weil die Antimafia-Bewegung der kriminellen Organisation im Bereich Arbeitsplatzmarkt über Jahre notgedrungen in die Hände spielte. Denn durch das Vorgehen der Antimafia-Bewegung, vor allem das Bloßlegen und Zerstören klientelistischer Strukturen und zudem das Schließen und Konfiszieren von Mafiaunternehmen durch den Staat, wurden Arbeitsplätze zerstört, ohne dass sich die Bewegung oder gar der italienische Staat um eine der Situation gerecht werdenden Kompensation kümmerte. Unausweichlich blieb daher, dass bald viele Bewohner Siziliens der Antimafia-Bewegung die Schuld gaben, Arbeit zu nehmen, die Mafia andererseits Arbeitsstellen und ein damit verbundenes regelmäßiges Einkommen garantieren konnte und bis heute kann. Nur die Wenigsten sind in der Lage zu erkennen, dass das Annehmen von durch die Mafia vermittelter Arbeit unabwendbar bedeutet, sich zum Sklaven der kriminellen Organisation zu machen (vgl. Schneider, Jane und Peter: Reversible Destiny).

Erst die Entstehung der Organisation *Libera* in den 90er Jahren sorgte für eine flächendeckende sowie nachhaltige Lösung dieses Problems. *Libera* fungiert als Dachorganisation einer größeren Anzahl von Kooperativen. Die Arbeit *Liberas* sowie deren Kooperativen wiederum stützt sich in erster Linie auf das *Rognoni-La Torre-Gesetz* (vgl. Kapitel 1.3). 1994 gelang es dem Vorsitzenden von *Libera*, Pater Don Ciotti, das Gesetz nicht nur zu ratifizieren, sondern gleichzeitig erheblich auszuweiten. Seitdem ist es möglich, ehemals der Mafia zugehöriges Land sowie Gebäude an gemeinnützig arbeitende Organisationen abzugeben. Auf diese Weise werden Güter, die der Gesellschaft entzogen in der Vergangenheit entzogen worden waren, requiriert.[49]

Die Nutzung der übereigneten Ländereien und Gebäude durch die Kooperativen *Liberas* gestaltet sich auf sehr unterschiedliche Weise. Manche unterhalten in ehemaligen Gebäuden der Mafia Sozial-, Jugendzentren und Jugendherbergen. Insbesondere haben sich Kooperativen *Liberas* wie beispielsweise die *Cooperativo Placido Rizzuto* oder die *Cooperativo Lavoro e non solo* darauf spezialisiert, ehemalige Immobilien der Mafia auf dem Land in Bauernbetriebe umzugestalten, die unter anderem Getreide, Oliven oder Wein anbauen, aber durchaus auch Viehzucht betreiben. Diese Betriebe zeichnen sich dadurch aus, ihre Ware auf biologischem (eine Seltenheit in Italien und oft von der organisierten Kriminalität unterwandert) und konsequenterweise mafiafreiem Weg zu produzieren.

Diese Vorgehensweise bietet mehrere wichtige Vorteile. Wie bereits erwähnt, wird die Mafia durch die Konfiszierungen direkt in ihrem Innersten getroffen (vgl. Kapitel 1.3). Darüber hinaus erhalten die Bewohner Italiens und anderer Länder, in denen *Libera* aktiv ist (in Deutschland vertreiben viele Dritte-Welt-Läden Güter der Organisation *Libera*), die Möglichkeit, ohne Beteiligung der organisierten Kriminalität hergestellte Güter zu erwerben. Dadurch können sie bis zu einem gewissen Grad aus dem Kreislauf aussteigen, der die Mafia und andere kriminelle Gruppen begünstigt und finanziert. Doch vor allem sorgt *Libera* auf diese Weise für Arbeitsstellen, deren Vergabe nicht an die bereits erwähnten Bedingungen der Mafia gebunden sind (vgl. www.liberaterra.it).

Die Mafia akzeptiert das Vorgehen *Liberas* natürlich lediglich mit erkennbarem Widerwillen, denn häufig ist die Mafia dafür verantwortlich, dass Ernten, Pflanzen, Fahrzeuge und auch Gebäude *Liberas* beschädigt oder zerstört werden.

Auch Mitarbeiter werden oftmals vehement eingeschüchtert. Ein Versuch der Mafia, die Kontrolle über die Vergabe von Arbeitsstellen unbedingt zurückzugewinnen. Die Mafia verfolgt auch deutlich subtilere Wege, *Libera* zu blockieren, bevorzugt auf politischem und wirtschaftlichem Weg. Von

> „...1.516 von der Mafia und anderen Formen der organisierten Kriminalität konfiszierte Unternehmen bleiben 90 Prozent ungenutzt. Nur 176 Unternehmen werden genutzt, während 60 Prozent aller Güter, die an Kommunen vergeben werden, von Bankhypotheken mehr als belastet sind."[50]

Diese Ländereien siechen einfach nur vor sich hin und können über Jahre oder gar Jahrzehnte nicht genutzt werden. Die Mafia und andere Formen der organisierten Kriminalität in Italien scheinen nach dem Motto *„wenn nicht wir, dann niemand"* zu agieren und das mit verblüffendem Erfolg, ohne Rücksichtnahme auf die Bevölkerung.

Unlängst befasste sich der italienische Staat mit der Überlegung, eine gesonderte Behörde einzurichten, die die Vergabe der Ländereien regelt. Der Nachteil der Existenz einer solchen Behörde liegt auf der Hand, da es für die Mafia eine Leichtigkeit sein dürfte, eine staatliche Behörde zu unterwandern – was in dem konkreten Fall bedeuten würde, dass sie in der Lage wäre, die beschlagnahmten Güter in die eigenen Hände zurückzuführen. Eine Alternative muss entwickelt werden, die es ermöglicht, beschlagnahmte Güter schneller und unkomplizierter an Organisationen wie *Libera* sowie ihre Kooperativen abzutreten. Erneut stellt sich die Frage nach Ratifizierungen und Konkretisierungen entsprechender Gesetze. Doch dies ist in erster Linie ein politischer Kampf. Er findet also auf einer Ebene statt, auf die die Mafia jederzeit Einfluss nehmen kann.[51]

Genau hier könnte die Soziale Arbeit *Libera* unterstützen, indem sie sich helfend mit der Frage nach Gesetzesvorlagen zu Konfiszierungen mafiaeigener Güter sowie deren zukünftigen Zweckbestimmungen beschäftigt, natürlich nicht nur in Italien, sondern flächendeckend als internationale Profession. Diese politische, oft auch lobbyartig ausgerichtete Arbeit benötigt Unterstützung von außen. Außerdem stellt wird die Soziale Arbeit auch aus anderen Gründen mit dieser Frage konfrontiert. Mafiaeigene Güter werden dem Nutzen der Gesellschaft entzogen, obwohl sie in der Regel auf ihre Kosten entstanden sind. Daraus erwächst einerseits ein konkreter Schaden für die Gesellschaft, andererseits schafft die Situation noch immensere Ungleichheit unter der Bevölkerung. Ein aktives Eingreifen zur Beseitigung des genannten Missstandes wäre meines Erachtens eine durchaus einzufordernde Aufgabe der Sozialen Arbeit.

Wie sich an vielfältigen Beispielen aufzeigen lässt, ist der Kampf für bessere Lebensperspektiven gleichzeitig ein Kampf gegen klientelistische Strukturen und daraus ständig neu entstehende und sich ausbreitende Netzwerke. Menschen bedienen sich klientelistischer Strukturen zur Erreichung ihrer Ziele, besonders im Falle von fehlenden Alternativen und Perspektiven. Ein ausreichendes Angebot würde den Zugriff auf klientelistische Strukturen auf lange Sicht zerschlagen oder zumindest erheblich schmälern. Die Antimafia-Bewegung geht gegen klientelistische Strukturen besonders drastisch vor, da das Vorhandensein dieser Strukturen verhindert, dass Menschen Alternativen und Perspektiven annehmen, wenn das Erreichen der eigenen Ziele auf klientelistischem Weg einfacher oder sogar abgesicherter funktioniert. Um der Ausbreitung dieser Strukturen entgegenzuwirken, positioniert sich die Antimafia-Bewegung offen gegen derartige Strukturen. Sie bemüht sich, sie in ihrer gesamten Konsequenz transparent zu machen und gleichzeitig ihre Interessen ohne klientelistische Hilfen umzusetzen.

Auf diese Weise verhindert die Bewegung, dass klientelistische Strukturen ihrerseits protegiert werden. Hier könnte die Soziale Arbeit Unterstützung leisten, indem sie sich selbst ebenfalls gegen solche Strukturen positioniert, entsprechenden Klientelismus offen legt und vor allem sich dessen nicht bedient. Selbst mit der Konsequenz, dass eigene Interessen somit manchmal nur sehr schwer oder gar nicht zu realisieren sind. Schon der offensichtlich benachteiligende Charakter, den entsprechende Strukturen nach sich ziehen, verbietet es der Sozialen Arbeit, sich dieser zu bedienen, denn immerhin darf sie

„...Menschen nicht ausschließen, sondern [muss] sie (...) integrieren..."[52]

Mit anderen Worten ist es ihre Aufgabe, Benachteiligung entgegenwirkend zu verhindern, was in der Umsetzung bedeutet, weder klientelistische Strukturen zu unterstützen noch sich ihrer zu bedienen.

3.2 ... und Alternativen bieten

Gerade den Menschen, die sich nicht mit der Mafia arrangieren wollen, fehlt es oftmals an Alternativen. Vor allem wird dies an der Durchführung der Schutzgelderpressung deutlich. Opfer von Erpressungen sind meist Inhaber kleiner Geschäfte und Familienunternehmen, sie stehen oft isoliert da, wenn sie den Versuch wagen, sich gegen Erpressungen zu wehren. Aufgrund ihrer Zahlungsbereitschaft laufen sie Gefahr, der Erfüllung des Tatbestandes der Begünstigung der Mafia wegen festgenommen zu werden, trotzdem ist nur eine Minderheit bereit gegen die Mafia auszusagen, da keineswegs unbegründet die Angst vor Vergeltungsmaßnahmen stets vorhanden ist. Mitunter fehlt die alternative Unterstützung, um Widerstand möglich zu machen.[53]

Darüber hinaus sind große, kriminelle Organisationen in Italien grundsätzlich in der Lage, ansässigen Unternehmen innerhalb kürzester Zeit ihren gesamten Kundenstamm zu entziehen, die Besitzer sozial auszugrenzen, sie sowohl psychisch als auch physisch einzuschüchtern. Bei Einschaltung der Polizei durch Betroffene gestalten sich die Repressalien noch perfider. So wie exemplarisch nachvollziehbar am Fall von Antonio,[54] der in einer Kleinstadt in der Provinz Palermo eine kleine Gastronomie unterhält. Befindet man sich in dieser Kleinstadt, dann kann man förmlich die geradezu unheimlich anmutende Präsenz der Mafia spüren. Sie scheint überall und nirgendwo zu sein, unsichtbar und ungreifbar, aber gleichzeitig existent, handlungsfähig und einschüchternd. Als die Mafia sich Anfang des neuen Jahrtausends in seinem Geschäft etablieren wollte, zeigte er zu Beginn Akzeptanz. Erst als die Mafia seinen Bruder in Drogengeschäfte involvierte, positionierte sich Antonio gegen die Organisation, verweigerte in Folge Gefälligkeiten wie Zahlungen und erstattete schließlich Anzeige, mit für ihn verheerenden Folgen.

Innerhalb eines Monats suchte niemand mehr seinen gastronomischen Betrieb auf, sein Umsatz fiel von circa 1000 auf etwa 10 Euro im Monat. Antonio machte Schulden. Gleichzeitig mieden alte Freund und selbst Verwandte den Kontakt zu ihm, er wurde zunehmend ausgegrenzt. Er war am Ende und begann, massiv Alkohol zu konsumieren. Antonio sah keine Perspektive mehr, ihn plagten Suizidgedanken. Auch seine Anzeige gegen die Schutzgelderpresser verlief mehr oder weniger im Sande. Zwar wurden die an der Basis agierenden Erpresser vor Gericht gestellt und verurteilt, aber der örtliche Boss der Mafia, den Antonio ebenfalls angezeigt hatte, bewegte sich schon kurze Zeit nach seiner Festnahme wieder vollkommen frei durch das kleine Städtchen.

Besserung seiner Situation trat erst ein, nachdem Antonio Kontakt zu *Addiopizzo* aufgenommen hatte. Die Organisation unterstützte Antonio im ihr möglichen Rahmen. Mitglieder fuhren in die Kleinstadt und zeigten den dort ansässigen Bewohnern, dass Antonio nun nicht mehr alleine dasteht. Außerdem organisierten sie in seinem Unternehmen Feste und Veranstaltungen, zu denen jedes Mal zahlreiche Menschen aus Palermo anreisten. *Addiopizzo* half Antonio bei Schwierigkeiten in Auseinandersetzungen mit den Behörden und begleitete ihn zu Gerichtsprozessen. Durch *Addiopizzo* vermochte Antonio langsam wieder Lebensperspektiven zu entwickeln. Die örtliche Polizei fährt mittlerweile regelmäßig Streife an seinem Laden vorbei, die Beamten trinken dort Kaffee oder kaufen Zigaretten (was in Sizilien als Botschaft verstanden wird).[55]

Addiopizzo kann Antonio jedoch nur im Rahmen des für die Organisation Machbaren unterstützen. Da sich die Organisation in erster Linie aus ehrenamtlichen Mitarbeitern zusammensetzt, sind die Möglichkeiten entsprechend eingeschränkt. *Addiopizzo* kann nicht immer präsent sein, nicht permanent Solidarität bekunden. Antonio muss seinen Gastronomiebetrieb in der kleinen Vorstadt mit dem Bewusstsein der steten Gefahr durch die Mafia führen, denn die Mafia ist präsent, wenn nicht gar omnipräsent. Sie produziert eine Angst verbreitende Atmosphäre, eine unterschwellige Bedrohung, die sich in vagen Andeutungen und mehrdeutigen Botschaften manifestiert. Darüber hinaus instrumentalisiert sie Menschen, die eigentlich nicht zur Mafia gehören. Als Spitzel spionieren sie Läden aus, indem sie sich jeden Tag in ihnen oder in ihrer Nähe aufhalten und ihr Augenmerk auf verwertbare neue Informationen richten. Die Mafia scheint nirgendwo und überall zu sein und daraus schöpft sie einen leider oft sehr unterschätzten Teil ihrer Macht.[56]

Ähnlich wie schon in Kapitel 2.1 beschrieben, kann die Soziale Arbeit in der vorgenannten Problemsituation unkompliziert Unterstützung leisten, und zwar indem sie sich bemüht, unbeteiligte Menschen auch außerhalb Italiens über die Machenschaften der Mafia, ihre Opfer und vor allem die Menschen, die sich weigern Schutzgeld zu zahlen, zu informieren. Mittels dieses kommunikativen Austausches kann die Soziale Arbeit Aufmerksamkeit erwirken, die wichtig für die Situation der Betroffenen an der Basis ist. Wie Antonio uns gegenüber anmerkte, sei er stolz auf unseren Besuch, denn nun, so beteuerte er, müsse die Mafia einsehen, dass das elementarste Ergebnis ihrer Einschüchterungen die Tatsache sei, ihn und vor allem seine Geschichte über die Grenzen Italiens hinaus bekannt gemacht zu haben.[57] Eine ähnliche Wirkung brächte auch das Informieren von Menschen durch die Soziale Arbeit.

Die Mafia müsste als konsequente Folge damit rechnen, dass sie mit Einschüchterungen und Erpressungen das von ihr nicht gewünschte Ergebnis bewirkt, Opfer und deren Lebensgeschichte bekannt zu machen. Auf diese Weise wird eine Solidarität geschaffen, die der strategischen Isolation der Opfer durch die Mafia entgegenwirkt. Eine wirksame Waffe, die sich auf den ersten Blick harmloser darstellt, als sie tatsächlich ist. Weitergehend könnte die Soziale Arbeit mit ihrer Informationsarbeit über die Mafia, diese nicht greifbare und im Vagen agierende Organisation für unbedarfte Menschen erkennbar und somit transparent zu machen. Denn insbesondere in Ländern wie Deutschland sind Menschen nicht in der Lage, mafiöse Organisationen, ihre Strukturen und Machenschaften zu erkennen, weil sie nicht wissen, worauf sie achten müssen. Lernt die Soziale Arbeit von *Ad-*

diopizzo, so könnte sie Menschen auch in Ländern ohne Antimafia-Bewegung unterstützen, sich zusammenzuschließen um nach dem Vorbild *Addiopizzos* die Zahlung von Schutzgeldern zu verweigern. Auf diese Weise könnte sie einen bedeutenden Anstoß zur Gründung *Addiopizzo*-ähnlicher Gruppen in anderen Ländern der Welt geben.

Leider verfügt *Addiopizzo* nicht über eine ausreichende Kapazität von Arbeitskräften, da sämtliche Mitglieder ehrenamtlich engagiert sind. An diesem Punkt könnte die Soziale Arbeit *Addiopizzo* unter die Arme greifen, um die Mitglieder bei ihrer Arbeit an der Basis tatkräftig zu unterstützen. Die Soziale Arbeit sollte Möglichkeiten zur Unterstützung von Menschen, die sich im Widerstand gegen die Mafia befinden, in Angriff nehmen. Sie sollte diese Menschen in gegenseitiger Kooperation mit der Antimafia beraten und begleiten. Möglicherweise bedeutet dies die Notwendigkeit, eigene Beratungsformen zu entwickeln und entsprechende zusätzliche Beratungsstellen zu errichten. Beratungsstellen könnten unter anderem eng mit *Addiopizzo* zusammenarbeiten.

Vielleicht wäre es sogar möglich, Betreuungsformen zu errichten, die sich auch der Aufgabe widmen würden, Menschen professionell zu unterstützen, sich gegen die Mafia oder andere unterdrückende Gruppierungen zu wehren. Aber auch im Umgang mit Klienten, die Bedrohung durch die Mafia erfahren, kann die Soziale Arbeit in unterschiedlichsten Arbeitsfeldern Unterstützung leisten. Sozialarbeiter könnten ihre Klienten professionell unterstützen, eine Distanz zur Mafia zu entwickeln um sich der Legalität zuwenden zu können. Gleichzeitig könnten diese an Organisationen aus der Bevölkerung Anbindung finden, die oft dasselbe Ziel verfolgen. Denn viele Menschen wissen nicht, wie sie sich aus eigener Kraft helfen können, beispielsweise, weil ihnen Organisationen wie *Addiopizzo* nicht ausreichend bekannt sind.

Die Soziale Arbeit könnte von der Mafia bedrohte Klienten an Organisationen wie *Addiopizzo* weitervermitteln, eine Anbindung ermöglichen und sie zu ersten Terminen begleiten, wie sie es auch im Umgang mit Selbsthilfegruppen praktiziert (gerade *Addiopizzo* ähnelt, vor allem in den Jahren der Gründung, sehr einer solchen Selbsthilfegruppe). Andererseits würde die Soziale Arbeit von *Addiopizzo* und ähnlichen Bewegungen die notwendigen Kenntnisse erlangen, die sie im Umgang mit betroffenen Klienten nützen könnte. Primär im Bereich der Auseinandersetzungen mit Ämtern und Behörden kann die Soziale Arbeit eine wichtige Rolle spielen, denn staatliche Einrichtungen arbeiten gerade in Italien oft sehr schwerfällig und genießen alles andere als das Vertrauen der Bevölkerung. *Addiopizzo* widmet sich bereits seit Jahren der Aufgabe, der Bevölkerung Vertrauen zum Staat und zu dessen Institutionen zu vermitteln. Hier könnte auch die Soziale Arbeit eine wichtige Rolle spielen.

3.3 Vertrauensaufbau gegenüber dem Staat

Da sich die Mafia die Unzulänglichkeiten eines Staates stets zu Nutze macht um sich in dessen Gesellschaft etablieren zu können, bevorzugt sie Staaten, die ihr Nischen zur Umsetzung eigener Interessen bieten. Sie füllt Machtvakuen aus, die entstehen, weil ein Staatssystem in einem bestimmten Bereich nicht ausreichend Präsenz zeigt oder keine ausreichend dem Sozialsystem entsprechende Versorgung schaffen kann. Die Mafia bildet vielmehr einen Staat im Staat, sie ist kein Antistaat:

> „Die Mafia ist niemals, und auch heute nicht, 'ein Antistaat' oder 'eine Gegenmacht' gewesen..."[58]

Daher ist es primär notwendig, dafür zu sorgen, dass der Staat von der Mafia vereinnahmte Bereiche und von ihr gefüllte Vakuen zurückerlangt. Damit dies Umsetzung finden kann, müssen die Betroffenen bereit sein, den Staat wieder zulassen und in ihn Vertrauen setzen zu können. Dies ist ein besonderer Appell an Süditalien, dort, wo der italienische Staat oft ein unglaublich defizitäres und arrogantes Verhalten zeigt. Viele Sizilianer haben gelernt, dass es nichts bringt, dem Staat mit Vertrauen zu begegnen, ein Umstand, den die Mafia unmittelbar ausnutzt. Im Umkehrschluss wenden sich Menschen in Konflikten mit der Mafia natürlich nicht an den Staat, da sie von ihm keine Unterstützung erwarten. Also verzichten sie auf eine Anzeige und damit auf die Umsetzung ihres demokratischen Rechtes.

Dieser Umstand ist besonders fatal, da die Mafia versucht, das Misstrauen in den italienischen Staat in von ihr kontrollierten Gebieten nach aller Kraft am Leben zu erhalten. Dies gelingt ihr Mithilfe der Omertà, die sie auf eine von ihr kontrollierte Bevölkerung überträgt und jegliche Missachtung unter Strafe stellt. Die Vorgaben der Omertà machen eine konstruktive Kommunikation zwischen Bevölkerung und Staat unmöglich. Aufkeimen sowie Fortbestand der Omertà sind aber nur möglich, wenn ein konkretes Misstrauen der Bevölkerung gegenüber dem Staat besteht. Eine in den Staat und in dessen Gewaltenhoheit vertrauende Bevölkerung würde die Omertà brechen. Sie entsteht und reproduziert sich ständig wie dem eines Teufelskreises gleich, der, wenn er erst einmal begonnen hat, schwer zu durchbrechen ist (vgl. Lodato, Saverio: Trenttanni di mafia).

Das Vertrauen der Bevölkerung in den Staat sowie dessen Vertreter und Institutionen zu stärken bedeutet also, dem Entstehen und Ausbreiten eines kriminellen Schweigens wie das von der Omertà erzwungene entgegenzuwirken. Jedoch wurde diese Bemühung über Jahrzehnte massiv vernachlässigt, unter anderem auch von Seiten des Staates sowie dessen Vertreter. In der Vergangenheit wurden Menschen, die die Omertà brachen und als Folgen in gravierende gefährliche Situationen gerieten, oft ihrem Schicksal überlassen. Sollten Opfer vor Gericht erscheinen, standen sie dort meist alleine vor Richtern, Angeklagten, deren Anwälten, den Untersuchungsrichtern und den Besuchern. Sie erhielten keinerlei Unterstützung, weder aus der Bevölkerung, noch von der Polizei oder dem italienischen Staat.

Die Mafiosi hingegen engagieren in der Regel nicht nur die am effektivsten für sie arbeitenden Anwälte, sondern laden zur eigenen Unterstützung gleich ihre gesamte Familie und sämtliche Freunde in den Gerichtssaal ein. So demonstrieren sie bis heute ihre Stärke. Insbesondere die weiblichen Mitglieder einer Familie lenken in den Gerichtssälen lautstark die Aufmerksamkeit auf sich, indem sie eine mitunter zweifelhafte Verteidigung ihrer angeklagten Angehörigen zu übernehmen versuchen (vgl. Longrigg, Claire: Die Patinnen). Dieses Missverhältnis der Unterstützung zwischen Anklägern und Angeklagten führte oft in eine Sackgasse, vor allem in Situationen, in denen sich der Ankläger angesichts der massiven Präsenz der Mafiosi und deren Gefolgschaft in letzter Sekunde doch zu der Entscheidung, besser zu schweigen, gelangte.

Außerdem machten sich Vertreter des italienischen Staates in der Vergangenheit jedoch auch gegenwärtig oftmals schuldig, weil sie mit der Mafia kooperieren und der Organisation zuarbeiten. Nicht nur im Fall Giuseppe Impastatos (vgl. Kapitel 2.1), im Großen Maße fälschten oder ließen Polizisten und Staatsvertreter in Ermittlungen gegen die Mafia Beweise verschwinden. Sie informierten die Mafiosi über Razzien und behinderten gezielt Ermittlungen (vgl. Mugno, Salvatore: Matteo Messina Denaro). Ebenso kontaktierten Vertreter der Politik, unter anderem der regierenden Parteien der letzten Jahrzehnte, mehrfach die Mafia und mafianahe Kontaktpersonen oder versuchten, deren Existenz überhaupt zu leugnen, sei es auf lokaler oder auf nationaler Ebene (vgl. La Licata, Francesco und Ciancimino, Massimo: Don Vito).

Die daraus erwachsenen Erfahrungen mit Staat und Mafia brannten sich bei den Menschen ein. Sie fragen sich folgerichtig, welche Gründe es für das Brechen der Omertà geben solle, wenn sie daraufhin von der Mafia bestraft sowie vom Staat und dessen Vertretern sich selbst überlassen werden. Daher hat es sich die

Antimafia-Bewegung bewusst zur Aufgabe gemacht, die Menschen dabei zu unterstützen, ihr Recht durchzusetzen, was automatisch bedeutet, ihr Vertrauen in den demokratischen Staat wiederzugewinnen und zu stärken. Die Betroffenen sollen lernen, dass das Vertrauen in den Staat lohnenswert ist. Folgerichtig werden immer mehr Menschen Vertrauen in den Staat setzen, wenn sich dies als reelle und reale Perspektive erweist. Sie werden über die Mafia sprechen, denn sie können damit rechnen, dass sie unterstützt werden.

Addiopizzo erkannte die Problematik, die durch Aussagen vor Gericht sowie dem Unverhältnis aus Sympathisanten der Angeklagten und Unterstützern der Ankläger hervorgeht. Bereits kurz nach der Gründung von *Addiopizzo* begannen die Mitglieder, Opfer bei der Anklagestellung zu unterstützen sowie Ankläger vor Gericht zu begleiten. Auf diese Weise macht *Addiopizzo* dem taktischen Druckaufbau der Mafia vor Gericht ein Ende und vermittelt den Anklägern, dass sie keine Einzelkämpfer sind (vgl. www.addiopizzo.org). Erst am 14.11.2011 begann ein neuer Prozess gegen Schutzgelderpresser sowie deren Befehlshaber in Palermo, namentlich als *„Addiopizzo 5"* bekannt. Auch hochrangige Mafiabosse wie Salvatore und Sandro Lo Piccolo stehen in diesem Prozess vor Gericht. Als Nebenkläger treten insgesamt 12 Unternehmen auf,

> „von denen acht von der Vereinigung Addiopizzo vertreten werden."[59]

Die Soziale Arbeit sollte ebenfalls die Relevanz des Vertrauens der Bevölkerung in den Staat als wichtigen Faktor erkennen. Auch sie sollte den Menschen und ihren Klienten vermitteln, dass ein grundsätzliches Vertrauen in den Staat notwendig ist - was allerdings nicht bedeutet, die Augen zu verschließen und in ein blindes Vertrauen abzugleiten. Die Realisierung der Forderung kann nur möglich sein, wenn die Sozialarbeiter ihren Klienten keine falschen Tatsachen vorspielen. Die Profession Soziale Arbeit muss sich daran beteiligen, das Staatssystem funktionsfähig zu halten um Menschen ihre durch das Gesetz zugesprochenen Rechte zugänglich zu machen.

Um dies zu realisieren, können die Sozialarbeiter in ihrer Arbeit mit den Klienten von *Addiopizzo* lernen, die neu erlernten Kompetenzen in die Praxis umzusetzen. Auch Sozialarbeiter ermutigen ihre Klienten, für ihre Rechte einzustehen und bei Verletzungen derselben im Zweifel mit einer Anzeige zu reagieren (wenn keine anderen Wege, wie beispielsweise Täter-Opfer-Ausgleich oder eine Mediation möglich sind, was im Umgang mit der organisierten Kriminalität die Regel ist). Doch besonders in Konfrontation mit Gruppen der organisierten Kriminalität stellt diese Aufgabe eine besondere Herausforderung dar.

3.3 Vertrauensaufbau gegenüber dem Staat

Nur so ergibt die Tätigkeit der Sozialen Arbeit Sinn, denn die Profession ist ebenso für die Gesellschaft tätig, wie für ihre Klienten. Die Soziale Arbeit hilft, Probleme und Schwierigkeiten für die Gesellschaft und damit für den Staat abzubauen. Auf diese Weise reproduziert sie bis zu einem gewissen Grade auch das staatliche Gesellschaftsgefüge mit seinen Vor- und ebenso seinen Nachteilen (dies bemängelte vor allem die kritische Sozialarbeit, vgl. Erath: Sozialarbeitswissenschaften). Zeigt man nun kriminelle Organisationen, deren Mitglieder und deren Machenschaften nicht an, so gesteht man ihnen ihre Macht über den Rechtsstaat zu.

Dies würde vor allem bedeuten, dass die Soziale Arbeit eine Gesellschaft reproduziert, die eigentlich unfähig ist, ihre Bevölkerung vor der Gewalt und der Einflussnahme durch kriminelle Organisationen zu schützen. Folgerichtig muss auch bei der Sozialen Arbeit die Bemühung im Vordergrund stehen, die Gewaltenhoheit des Rechtsstaates zu stärken sowie ihre Klienten dahingehend zu ermutigen, dass sie mit dem Staat kooperieren und im Zweifel zu Maßnahmen wie Anzeigen greifen. Dies beinhaltet natürlich auch die Verpflichtung, den betroffenen Klienten zur Seite zu stehen um sie nicht als Einzelkämpfer einer großen kriminellen Gruppe zu überlassen. In der praktischen Umsetzung bedeutet das, die Klienten im Falle von Auseinandersetzungen einerseits mit Behörden und andererseits mit Tätern zu unterstützen sowie sie schließlich auch vor Gericht zu begleiten - auch wenn daraus resultiert, dass der Sozialarbeiter ebenfalls ins Fadenkreuz der kriminellen Organisation gerät.

Aber Vertreter der Sozialen Arbeit sind bereits in den vorher genannten Bereichen aktiv. Eine ihrer Aufgaben besteht darin, Menschen, vor allem Kindern und Jugendlichen, ihre Rechte und Pflichten gegenüber dem Staat und seinen Vertretern nahezubringen. Kindern und Jugendlichen werden diese Rechte und die daraus erwachsenen Pflichten im Rahmen der in Kapitel 2.3 genannten Antimafia-Pädagogik vermittelt, in der auch viele Sozialarbeiter tätig sind. Indem Menschen ihre Rechte und Pflichten wahrzunehmen lernen, können sie ihre legalen, persönlichen Möglichkeiten besser einschätzen. Außerdem werden sie dadurch in die Lage versetzt, ihre eigenen Rechte auf legalem Wege durchzusetzen.

Die größte Stärke der Sozialen Arbeit in der Umsetzung einer effektiven Unterstützung der Antimafia-Bewegung in diesem Bereich liegt in dem großen Wirkungsradius der Sozialen Arbeit begründet. Denn die Soziale Arbeit kann auch da aktiv werden, wo noch keine Antimafia-Bewegung existiert, indem sie ihre Klienten über deren Rechte und über geltende Gesetze informiert. So kann die Soziale Arbeit dazu beitragen, der organisierten Kriminalität auch außerhalb des Wirkungsradius der Antimafiabewegung zu schaden, denn wie bereits aufgezeigt, führt das Vertrauen in den Staat und dessen Vertreter dazu, dass dessen Bevölkerung nicht mehr auf Klientelismus vertrauen muss und schneller bereit ist, die Omertà oder ähnliche Schweigegebote zu brechen. Natürlich müssen die Sozialarbeiter folgerichtig bereit sein, ihre Klienten bei der Umsetzung und dem Erkämpfen ihrer Rechte zu begleiten und darüber hinaus zu unterstützen. Nur wenn die Bevölkerung erkennt, dass ihr Vertrauen Früchte trägt, lässt sich Misstrauen in den Staat langfristig abbauen und in der Zukunft eventuell verhindern.

Fazit

Im Folgenden sollen noch einmal die zentralen Aussagen meiner Ausführungen wiedergegeben und vor allem die Beantwortung der in der Einleitung genannten Forschungsfragen aufgegriffen werden.

Die Arbeitsfelder der Sozialen Arbeit sowie der Antimafia-Bewegung wurden von mir inhaltlich ausführlich dargestellt, um die Möglichkeiten ihrer kooperativen Zusammenarbeit entwickeln zu können. Erkennbar dargelegt habe ich die (möglichen) Unterstützungsbereiche der Sozialen Arbeit, die sowohl durch ihr professionelles Engagement als auch schlussfolgernd durch theoretische Untermauerung mittels der von ihr angewandten Methoden in die Bereiche der Antimafia-Bewegung einfließen. Die Tatsache der Kooperation von Vertretern der Sozialen Arbeit mit Lehrern und Therapeuten in Einrichtungen der Antimafia-Bewegung mit dem Ziel, Menschen einen Schul- beziehungsweise Berufsabschluss zu ermöglichen oder an anderweitigen Resozialisierungsmaßnahmen teilnehmen zu lassen, wird von mir als relevante Maßnahme eingeschätzt, zumal sie einen bedeutenden Baustein in der *Pädagogik der Legalität* bildet.

Verstärkt berücksichtigt habe ich die Arbeit des Aufbaus von Vertrauen, da die Menschen durch Omertà und Klientelismus geprägt, eine Welt des Misstrauens und ständiger Verdächtigungen erleben. Die Aufklärung der Klienten über bestehende Rechte und Pflichten spielt dabei eine tragende Rolle. Sie sollen autorisiert werden, die Maßgaben des Rechtsstaates nachzuvollziehen um ihr erlerntes Misstrauen abbauen zu können. Die Soziale Arbeit sieht es als wichtige Aufgabe an, ihren Klienten so viel Selbstvertauen zu vermitteln, dass sie ihre Interessen als auch Rechte im Rahmen der gesetzlichen Möglichkeiten durchsetzen und Alternativen zu klientelistischen Strukturen nutzen können. Durch Kenntnis über die ihr zur Verfügung stehenden Rechte und durch das Mehr an Vertrauen wird eine Bevölkerung darüber hinaus in die Lage versetzt, benannte Omertà zu brechen.

Ein wichtiges Anliegen der Sozialen Arbeit als auch der Antimafiabewegung ist es, Kindern und Jugendlichen den Freiraum zu schaffen, den sie benötigen, um außerhalb ihrer von organisierter Kriminalität geprägten Umgebung das Primat der Achtung und des Respektes gegenüber ihren Mitmenschen zu erlernen. Auf diese Weise sollen die Kinder Verhaltensweisen verinnerlichen, die mit den Werten der Mafia brechen, ein weiterer wichtiger Bestandteil der *Pädagogik der Legalität*. Es bleibt festzustellen, dass die Soziale Arbeit und die Antimafiabewegung insbesondere im Bereich der Kinder- und Jugendhilfe schon heute sehr eng und gezielt zusammenarbeiten, auch im Austausch von Methoden und Informationen. Durch gegenseitige Unterstützung sind beide in der Lage, ihre Ziele zu verfolgen, wobei Professionelle der Sozialen Arbeit durch ihre Tätigkeit in den entsprechenden Einrichtungen gleichzeitig zu Beteiligten der Antimafia-Bewegung werden. In keinem anderen Bereich dürfte eine Kooperation so ausgebaut und gezielt stattfinden wie in diesem Arbeitsfeld.

Von Solidarität sowie sozialem Engagement geprägte Lebensbedingungen geben Menschen die Möglichkeit, ihr Verhalten zu ändern und Konfliktstrategien zu entwickeln, die einvernehmlich und somit ohne verbale oder physische Gewaltanwendung verlaufen. Menschen lernen im sozialen Miteinander ihre Impulse zu kontrollieren und Möglichkeiten zur Realisierung ihrer Interessen im gegenseitigen Gemeinwohl umzusetzen. Damit die Menschen allerdings ihre Interessen umsetzen können, benötigen sie reelle Perspektiven und Alternativen zu den von der Mafia vorgegebenen und beabsichtigten wie beispielsweise legale Arbeit oder das Erreichen eines Bildungsabschlusses. Die Antimafia-Bewegung schafft solche Alternativen, oft mit Unterstützung durch Professionelle oder Methoden der Sozialen Arbeit, ist es doch ebenfalls Ziel der Profession, legale Perspektiven für Menschen zur Bewältigung ihrer Lebenskrisen zu errichten.

Doch insbesondere in diesem Bereich könnte die Soziale Arbeit wesentlich intensivere Unterstützung leisten, eventuell durch die Thematisierung der Schaffung solcher Perspektiven, wodurch die Antimafia-Bewegung langfristig durch Gleichgesinnte unterstützt würde. Denn oft handelt es sich bei der Problematik fehlender Perspektiven um eine politische Frage. Eine für die Antimafia-Bewegung positive Entwicklung kann demnach nur durch eine Vielzahl von unterstützenden Menschen erfolgen.

Als weiteren Schwerpunkt meiner Arbeit sah ich die Darstellung der notwendigen Entwicklung von interessierter Aufmerksamkeit durch Aufklärungsarbeit der Bevölkerung. Ich halte es für unerlässlich, dass Menschen informiert werden um einen eigenen Standpunkt einnehmen und somit ihren Mitmenschen selbstsicherer gegenübertreten zu können. Die Erkenntnis dieser zunächst simpel anmutenden Tatsache hat mir meine Reise nach Sizilien sehr geholfen. Ich trat dort mit Menschen in Kontakt, die die negativen Auswirkungen organisierter Kriminalität persönlich erlebt hatten, und verstärkt durch Information, Aufklärung und Aufmerksamkeit in Solidarität mit ihren Mitmenschen den Repressalien der organisierten Kriminalität entkommen konnten.

Konsequenterweise kristallisierte sich im Verlaufe meiner Arbeit heraus, dass die Soziale Arbeit die Antimafia-Bewegung vor allem unterstützen könnte, indem sie sich gegen die Mafia und die organisierte Kriminalität positioniert und Außenstehende über die Anliegen der Antimafia informiert. So könnte sie ein großes Maß an Interesse an der Antimafia-Bewegung wecken. Dieses Interesse sollte die Soziale Arbeit nicht nur generieren, um die Antimafia-Bewegung zu stärken, sondern vor allem, um ihre Professionellen, die bereits heute an der Basis der Antimafia-Bewegung tätig sind, zu schützen. Gleichzeitig wäre sie in der Lage eine eigene professionelle Haltung festzulegen. Da viele von der Sozialen Arbeit gesetzten Ziele mit dem Wirken der organisierten Kriminalität kollidieren, scheint es längst an der Zeit, eigene Vorgehensweisen im Umgang mit organisierter Kriminalität zu entwickeln, zumal mitunter Klienten der Sozialen Arbeit mit kriminellen Organisationen in Berührung kommen.

Folgerichtig sollte die Soziale Arbeit ihre Klienten über organisierte Kriminalität einerseits und der Antimafia andererseits aufklären, um sie in die Lage zu versetzen, entsprechende mafiaartige Gruppen zu erkennen und gleichzeitig nicht auf deren fragliche Versprechen hereinzufallen. Vielleicht wäre es sogar notwendig, eigene Betreuungs- und Beratungsformen für von organisierter Kriminalität betroffener Menschen, die sich wehren wollen, anzubieten. Auf diese Weise könnte die Soziale Arbeit die Antimafia-Bewegung erheblich unter die Arme greifen Aber auch ohne entsprechende Beratungen und Betreuungen, durch das Aufklären der Klienten und die Unterstützung bei einem Vorgehen gegen benannte Organisationen könnte die Soziale Arbeit eine wichtige Unterstützungsarbeit für die Antimafia-Bewegung leisten.

Abschließend möchte ich noch einmal hervorheben, dass nicht nur die Soziale Arbeit die Antimafia-Bewegung unterstützt und weitergehend unterstützen könnte, sondern sich im Umkehrschluss durch die Zusammenarbeit auch bei der Profession Lernprozesse in Bewegung setzen können. In ihrer Praxis wird Soziale Arbeit mit den Auswirkungen organisierter Kriminalität oder sogar mit ihren Organisationen direkt konfrontiert, beispielsweise weil ein Klient bedroht wird oder Freunde aus dem Umfeld der Organisationen hat. Darüber hinaus könnte die organisierte Kriminalität aus unterschiedlichen Gründen Interesse an einer Infiltration des sozialen Sektors zeigen, was die Soziale Arbeit auf kurz oder lang dazu zwingen würde, sich schützen zu müssen. Wie die Umsetzung eines solchen Schutzes aussieht, könnte sie von der Antimafia-Bewegung lernen

Anmerkungen

1. Brockhaus Enzyklopädie: Band 20. Seif-Stal. S.464.
2. DBSH (Hrsg.): Berufsbild für Sozialarbeiter/innen und Sozialpädagogen/innen. S.1. URL: www.dbsh.de/fileadmin/redaktionell/pdf/Berufsbildnovellierung-Endfassung_Jan_2009.pdf
3. DBSH (Hrsg.): Berufsbild für Sozialarbeiter/innen und Sozialpädagogen/innen.S.4. URL: www.dbsh.de/fileadmin/redaktionell/pdf/Berufsbildnovellierun g-Endfassung_Jan _2009.pdf
4. Außerdem können freie Träger in Italien das Zertifikat O.N.L.U.S. beantragen. O.N.L.U.S. bedeutet *Organizzazione non lucrativa di utilità sociale*, was wörtlich übersetzt ungefähr *Organisation ohne Profit mit sozialem Nutzen* heißt. Das Zertifikat entspricht im Groben der Anerkennung der Gemeinnützigkeit in Deutschland. Dementsprechend können nur gemeinnützig arbeitende Organisationen ein O.N.L.U.S.-Zertifikat erhalten. Ziel von O.N.L.U.S. ist es, die geleistete Gemeinnützigkeit und Qualität entsprechender Unternehmen zu sichern sowie gemeinnützig arbeitende Organisationen zu fördern. Manche Organisation, speziell das gemeinnützige Unternehmen (in Deutschland *gGmbH*, in Italien das *impresa sociale*), besitzen das O.N.L.U.S.-Zertifikat mit ihrer Gründung. Träger, die eine O.N.L.U.S.-Zertifizierung besitzen, erhalten finanzielle Vorteile, vor allem im Bereich des Steuerrechts (vgl. Confinionline: Le regole del non profit. URL: www.onlus-confinionline.it/in dex.html), die alles in allem mit den finanziellen Vergünstigungen in Deutschland aufgrund von Gemeinnützigkeit vergleichbar sind. Auch einige der im Rahmen dieser Abhandlung betrachteten Organisationen und Einrichtungen tragen die Bezeichnung O.N.L.U.S. hinter ihrem Namen.
5. Lunde, Paul: Organized Crime. The insider's guide to the world's most successful industry. S.8.
6. Ital. Original: „...*la forza del mafioso risiede anche nella rete di alleanza e protezioni specialmente in campo politico che (...) riesce a procurarsi.*" Palazzolo, Salvo: I pezzi mancanti. S.51.
7. Unterhaltung mit von der Mafia erpressten Unternehmern in Palermo im Herbst 2010.
8. Ital. Original: „ *Una catena di supermercati senza il sostegno o l'interesse diretto di Cosa Nostra non può nascere.*" Di Girolamo, Giacomo: Matteo Messina Denaro. L'invisibile. S.280.
9. Neben den genannten Strukturen hat die Mafia seit Mitte des 20. Jahrhunderts weitere Hierarchien, Ränge und Gremien ausgebildet, deren Aufgabe die Entscheidung über wichtige oder sogar sehr wichtige Angelegenheiten ist.

So gab es in der Vergangenheit eine Provinzkommission, deren Mitglieder von den einzelnen *cosche (Pl. cosca)* bestimmt wurden und die die Geschäfte einer Provinz koordinierten, sowie eine Region, deren Vertreter durch die Provinzkommission ausgesandt wurden. Die Region regelte Geschäfte und wichtige Aufgaben der Mafia in ganz Sizilien. In Provinzen wie Trapani und Palermo, wo viele *cosche* existieren, wurden zudem sogenannte *mandamenti* installiert. Sie bestehen in der Regel aus zwei bis vier Mafiafamilien, die sich zusammenschließen und einen Vertreter, den *capo-mandamento*, wählen (vgl. Thamm, Bernd Georg und Freiberg, Konrad: Mafia Global). Die *Region* der Mafia ist bis heute außer Kraft gesetzt. Ihre Mitglieder sind entweder in Haft, ermordet, eines natürlichen Todes gestorben oder schlichtweg verschwunden. Die meisten Provinzkommissionen existieren ebenfalls nicht mehr (außer in Trapani, wo die Mafia bis heute sehr mächtig ist). In den letzten Jahren hat vor allem die Mafia in Palermo immer wieder versucht, ihre Provinzkommission zu reaktivieren, was aber durch die Aufmerksamkeit der Ermittler und ihr Eingreifen verhindert werden konnte (vgl. Feo, Fabrizio: Matteo Messina Denaro).

10   Ital. Original: *„Sono inoltre venuti alla luce collegamenti [der italienischen organisierten Kriminalität] con omologhe associazioni operanti nell'Est-europeo, in Turchia e nel Sud-America, nonché con il mercato olandese delle droghe sintetiche."* Musci, Aldo: Tutte le mafie del mondo. S.237.

11   Diskussionsrunde mit Piero Grasso, vorsitzender Untersuchungsrichter der *Direzione Nazionale Antimafia*, in der Humboldt Universität am 13.09.2011.

12   Den italienischen Faschismus betrachte ich bewusst nicht als eine Regierungsform, die eine Strategie der Antimafia verfolgte. Zum einen unterscheidet sich die unmenschliche Haltung der faschistischen Häscher sehr von den Prinzipien der Antimafia-Bewegung, zum anderen war der italienische Faschismus nie als Ganzes gegen die Mafia gerichtet. Zwar wurde der Präfekt Cesare Mori vom faschistischen Diktator Benito Mussolini nach Sizilien geschickt, um dort gegen die Mafia vorzugehen. Ihm gelang es, die kriminelle Organisation zu bekämpfen. Tatsache ist aber auch, dass Mussolini Mori zurück an das italienische Festland holte, als dieser gerade dabei war, die Mafia auf politischer Ebene sehr massiv zu attackieren. Zudem ging es bei weitem nicht allen Mafiosi unter dem Faschismus schlecht, einige konnten sich sehr gut mit dem neuen System identifiziert und arrangierten sich mit ihm, ohne aber ihre mafiöse Tätigkeit aufzugeben (wie beispielsweise Vito Genovese nach seiner Flucht aus den Vereinigten Staaten). Mittlerweile wissen wir, dass Mussolinis faschistische Partei sehr wohl mit der Mafia verbunden war. So beispielsweise der Vorsitzende der Partei in Palermo, der gleichzeitig Mafiamitglied war. Die Attacken Moris gegen die Mafia trafen, so scheint es heute, in erster Linie die niedrigen Ränge und das Umfeld der Mafia sowie schlichtweg denunzierte Unschuldige. Der Faschismus wollte so tun, als ob er der Mafia feindlich gegenüber stünde, er konstruierte das Feindbild „Mafia in Süditalien", aber hinter dieser Fassade existierte sehr wohl auch eine Kooperation mit der kriminellen Organisationen. Moris menschenverachtenden Methoden im angeblichen Kampf gegen die Mafia, Vergewaltigungen von weiblichen Verwandten und kaltblütige Morde an Mafiamitgliedern,

Mafiasympathisanten und Menschen, die dem Faschismus im Weg waren (vgl. Dickie, John: La Cosa Nostra), stehen zudem im krassen Gegensatz zu allem, was eine Antimafia-Bewegung auf moralischer Ebene ausmacht. All diese Aspekte beweisen deutlich, dass vom italienischen Faschismus als einer Bewegung der Antimafia nicht die Rede sein kann.

13 Kienzle, Birgit und Galluzzo, Maria-Teresa: Frauen gegen die Mafia. S.16.
14 Tatsächlich existieren zu beiden Morden bis heute viele offene Fragen, denen Untersuchungsrichter in den letzten Jahren nachgehen. Was sie bisher offen legen konnten, scheint erschreckend. So haben Untersuchungsrichter und Journalisten mittlerweile herausgefunden, dass die Mafia im Jahr 1992 plante, eine ganze Reihe von unbequemen Politikern zu ermorden, wovon der italienische Staat genau wusste (unter anderem Giulio Andreotti, Calogero Mannino, Carlo Vizzini und Claudio Martelli). Der Staat trat daraufhin in umfangreiche Verhandlungen mit der Mafia um das Leben dieser Politiker zu retten. Personen des italienischen Staates strebten in der damaligen Zeit Verhandlungen mit der Mafia an, sie gingen also tatsächlich auf die Terrorstrategie der kriminellen Organisation ein. Ähnliche Bemühungen wurden bei den Untersuchungsrichtern Falcone und Borsellino allerdings nicht gezeigt. Derzeit geht man davon aus, dass Paolo Borsellino unter anderem deshalb ermordet wurde, weil er von diesen Verhandlungen erfuhr, sie öffentlich machen und dagegen vorgehen wollte (vgl. Lo Bianco, Giuseppe und Rizza, Sandra: L'agenda rossa di Paolo Borsellino; Bolzoni, Attilio und Vivano, Francesco: Stragi, l'ultima verità 'Fu lo Stato a cercare il patto con la mafia'. In: La Repubblica. 18.10.2011 S.18).
15 Wobei zu betonen gilt, dass die italienische organisierte Kriminalität in den letzten zwei Jahren die Antimafia-Bewegung wieder verstärkt attackiert. Diese Attacken finden mittlerweile auf drei Ebenen statt: Die Diffamierung der Ermittler und Untersuchungsrichter vor allem mittels der Behauptung der Mafiazugehörigkeit durch mit der Mafia kooperierende Außenstehende, die strategische Unterwanderung der Organisationen der Antimafiabewegung durch Unternehmen und Einzelpersonen der Mafia und Gewalt gegen die Einrichtungen der Bewegung. Am 02.01.2012 brachen Einbrecher in ein Büro der Organisation *Libera* ein. Bereits wenige Tage später fällten drei mittlerweile inhaftierte Arbeitslose nahe *Corleone* auf Land, dass der Mafia enteignet und einem gemeinnützigen Zweck übergeben worden war, Bäume und randalierten dort (Giornale di Sicilia: Tagliano alberi in terreni confiscati, 3 arresti a Corleone. URL: www.gds.it/gds/sezioni/notizie-brevi/dettaglio/articolo/gdsid/186102). Aber den bisher schwerwiegendsten Vorfall meldeten die Medien am 09.12.2011. Ein Brand war in der Pizzeria der Familie Impastato in *Cinisi* ausgebrochen, der schweren Schaden verursachte. Das Resteraunt ist bis heute als wichtiger Ort der Antimafia bekannt. Bisher gilt der Brand noch als Unfall, aber viele Hinweise (auch Ereignisse unmittelbar vorher) deuten darauf hin, dass es sich um eine Tat der Mafia handelt (La Repubblica: Paura a Cinisi fuoco al market di Impastato. URL: www.ricerca.repubblica.it/repubblica/archivio/repubblica/2011/12/10/paura-cinisi-fuoco-al-market-di-impastato.html, sowie Sicilia,

Francesco: Impastato: 'Troppe coincidenze strane. Il negozio è un simbolo antimafia.' URL: www.palermotoday.it/cronaca/incendio-pizzeria-intervista-giovanni-impastato.html).

16 Orlando, Leoluca in: Kienzle, Birgit und Galluzzo, Maria-Teresa: Frauen gegen die Mafia. S.16.
17 Der Konflikt, der in Duisburg im Jahr 2007 eskalierte, schwelt schon seit Jahrzehnten zwischen den Clans Pelle-Romeo-Vottari und den Strangio-Nirta. Die beteiligten Clans stammen ursprünglich aus *San Lucca* in Kalabrien und gelten als sehr mächtige Vertreter der 'Ndrangheta. Mitunter werden sie als die Keimzellen der Organisation bezeichnet. In der Realität sind alle Clans der Organisation, auch die heutzutage verfeindeten, nur schwer voneinander zu trennen, sind sie doch alle miteinander über die eine oder andere Ecke verwandt (so existieren Mitglieder mit dem Nachnamen Nirta und Strangio auch auf der Seite der Pelle-Romeo-Vottari und umgekehrt). Zu einem Krieg zwischen den Clans beider Fraktionen kam es Anfang der neunziger Jahre, als die Strangio ihre Chance witterten, größer in die Geschäfte der 'Ndrangheta einzusteigen. Mittlerweile dauert der Konflikt mehr als zwanzig Jahre an und kostete unzähligen Menschen das Leben (vgl. Gratteri, Nicola und Nicaso, Antonio: Fratelli di sangue; Dietz, Gudrun: Die 'Ndrangheta).
18 Natürlich, und dies sei hier nur am Rande erwähnt, kennt die Mafia noch deutlich mehr Möglichkeiten, als die physische Vernichtung mittels Mord. Sie betreibt gegen Gegner eine Vernichtungsstrategie auf unterschiedlichen Ebenen, beispielsweise sozial (durch Ausgrenzung, im schlimmsten Fall sogar Ablehnung durch die eigene Familie) oder wirtschaftlich (weil niemand mehr bei einem einkaufen geht, man keinen Kredit mehr bei der Bank bekommt und viele weitere Beispiele). Aber die Androhung einer physischen Vernichtung, immer mit dem Druckmittel im Hintergrund, diese Drohung auch umzusetzen, eignet sich immer noch am besten, um Kritiker durch Angst im Vorhinein abzuschrecken.
19 Falcone, Giovanni und Padovani, Marcelle: Inside Mafia. S.26.
20 Klüver, Henning: Der Pate. Letzter Akt. S.217.
21 Bis heute gilt der Tod Luigi Impastatos als Unfall. Allerdings wurde mir im *Casa Memoria Felicia e Giuseppe Impastato* in *Cinisi* im Herbst 2010 mitgeteilt, dass der Fahrer, der Impastato damals überfuhr, später gegenteiliges ausgesagt habe. So gab er an, dass Luigi Impastatos Körper in einem dunkleren Abschnitt der Straße leblos auf dem Boden gelegen habe, als sein Auto ihn erfasste. Der Tod Luigi Impastatos ist also bis heute ein Rätsel. Gespräch mit Mitarbeitern des *„Casa Memoria Giuseppe e Felicia Impastato"* und von *„La Lotta Continua"* in Cinisi, Palermo, im Herbst 2010.
22 Ital. Original: *„...il necroforo Giuseppe Briguglio nota una pietra insanguinata nel casolare [wo Impastato gefoltert wurde] poco distante dal binario, la consegna subito ai carabinieri."* Palazzolo, Salvo: I pezzi mancanti. S.6.

23 Ital. Original: „*...quella pietra (...) non risulta in nessuno dei verbali di sopralluogo e nelle sucessive comunicazioni all'autorità giudiziaria.*" Palazzolo, Salvo: I pezzi mancanti. S.6.
24 Dickie, John: La Cosa Nostra. S.424.
25 Diskussion mit Giovanni Impastato und Mitarbeitern des *Casa Memoria Felicia e Giuseppe Impastato* in Berlin im Winter 2011. Die Veranstaltung wurde von *Mafia? Nein Danke!* in Berlin organisiert.
26 Das Urteil gegen Gaetano Badalamenti ist im Internet veröffentlicht: Centro Siciliano di Documentazione „Giuseppe Impastato" O.N.L.U.S.: La sentenza di condanna al ergastolo per Gaetano Badalamenti. URL: www.centroimpastato.it/publ/archivio/sentenza_badalamenti.php3
27 Möglicherweise könnte es dringend notwendig sein, über einen solchen Schritt nachzudenken. In den vergangenen Monaten sind in Sizilien vermehrt Graffities aufgetaucht, die eindeutig die Mafia glorifizieren. In *Castelvetrano*, dem Heimatort des derzeit mächtigsten Bosses der sizilianischen Mafia in Freiheit namens Matteo Messina Denaro (seit 1992 auf der Flucht vor der Polizei), hatte jemand über Nacht den Schriftzug „*Per Matteo M. Denaro. Ho bisogno del tuo aiuto. Illumina i miei passi. Ti V. [voglio] B. [bene] Uomo coraggioso. Grazie (Für Matteo M. Denaro. Ich benötige deine Hilfe. Erleuchte meine Schritte. Ich mag dich [original: ich will dir gutes], mutiger Mann. Danke.)*" (vgl. Giornale di Sicilia: „Castelvetrano: scritte inneigante a Matteo Messina Denaro." URL: www.gds.it/gds/sezioni/cronache/det taglio/articolo/gdsid/199910/). In derselben Zeit tauchten auch in anderen Städten und Mafiahochburgen entsprechende Graffities auf. Gleichzeitig wurden Aktivisten der Antimafia bedroht, beispielsweise Pino Maniaci, der einen mafiakritischen Fernsehsender mitten im Herrschaftsgebiet der Mafia betreibt (vgl. Antimafiaduemila: Telejato, nuove minacce al direttore scritte e insulti sui muri. URL: www.antimafiaduemila.com/content/view/35412/48/). Außerdem geschahen Akte des Vandalismus in Einrichtungen der Antimafia und auf von der Mafia konfiszierten Gütern (vgl. Anmerkung 12).
Angesichts der Rolle, die die Aufmerksamkeit der Öffentlichkeit für die Mafia und die Antimafia-Bewegung spielen, dienen diese Graffities und „kleinen" Angriffe auf die Antimafia möglicherweise wie eine Art Stimmungsbarometer. Dieses soll möglicherweise ausloten, ob eine Gruppierung oder eine Einzelperson die Unterstützung der Bevölkerung besitzt oder eben nicht. Begehren Menschen gegen diese Taten und gegen die Graffities auf, dann weiß die Mafia, dass die Antimafia nach wie vor aktiv ist und Unterstützung erhält, reagiert niemand auf diese Aktionen, dann weiß sie, dass die Aufmerksamkeit zu einem anderem Thema gewechselt ist. Dies könnte eines der Motive sein, weshalb Handlanger der Mafia solche Taten begehen sollen.
Wenn diese Hypothese stimmt, dann wirken die Solidaritätsbekundungen auf Seiten der bedrohten geschädigten Menschen und Organisationen, sowie Demonstrationen und Festivitäten zu Solidarität sprichwörtlich wie eine Lebensversicherungen.
28 Kienzle, Birgit und Galluzzo, Maria-Teresa: Frauen gegen die Mafia. S.59.

29 Deml, Sonja: Wenn ich gross bin, möchte ich Mafiaboss werden... S.48.
30 Cavalliero, Diego in: Stille, Alexander. S.254.
31 Schneider, Jane und Peter: Reversible Destiny. S.217.
32 Ebenda.
33 Ebenda. S.282.
34 DBSH (Hrsg.): Berufsbild für Sozialarbeiter/innen und Sozialpädagogen/innen. S.4. URL: www.dbsh.de/fileadmin/redaktionell/pdf/Berufsbildnovellierung-Endfassung_Jan_2009.pdf
35 Fortbildungsstunde bei der Suchtprävention in Berlin – Friedrichshain im März 2012.
36 Galluske, Michael: Methoden der Sozialen Arbeit. S.144.
37 Ital. Original: *„L'Associazione contribuisce a creare una cultura della legalità [...] contro ogni mentalitá di tipo mafioso e prevenendo il rischio di reclutamento da parte della criminalità organizzata delle fasce più deboli della società."* Centro di Accoglienza Padre Nostro: Bilancio Sociale. S.15. URL: www.centropadrenostro.it/documenti.asp/ Name des Dokumentes: Bilancio Sociale del Centro Padre Nostro – Anno 2007.
38 Zöller, Martin: Die Psyche der Mafia. Oktober 2008. S.1-2. URL: www.weltreporter.net
39 Schneider, Jane und Peter: Reversible Destiny. S.265.
40 Ein Konzept der Pädagogik der Legalität ist *„Educazione alla Legalità"* von Professor Tonino Calà. Dieses Konzept ist unter der Adresse www.tonino cala.it/down load/im Internet abzurufen.
41 Deml, Sonja: Wenn ich gross bin, möchte ich Mafiaboss werden... S.24.
42 Schneider, Peter und Jane: Reversible Destiny. S.266.
43 Leider existiert in Palermo keine ähnliche Einrichtung für männliche Opfer von Gewalt durch den Lebenspartner.
44 Und sei es, wie Angelo Provenzano oder Maria Concetta Riina, als Propagandainstrumente. Beide sind Kinder einflussreicher Mafiabosse, nämlich Bernardo Provenzanos und Salvatore Riinas. Beide Kinder sind mittlerweile mehrfach an die Medien getreten, um ebenso medienwirksam zu erklären, welche gute Kindheit und welche guten Väter sie gehabt hätten. Vermutlich ist dies nicht mal zu bezweifeln. Von der Mafia und ihren Verbrechen redeten Maria Concetta Riina und Angelo Provenzano dagegen ebenso wenig, wie von den politischen und wirtschaftlichen Verbindungen ihrer Väter oder den vielen, vielen Morden, die auf das Konto der beiden Männer geht (allein Riina hat sehr viel mehr als hundert Menschen persönlich ermordet oder aber per Befehl ermorden lassen). Die Strategie hinter diesen Medienauftritten scheint klar: Sie bewirken, dass die Bosse der Mafia verherrlicht werden und ihre Taten in den Hintergrund rücken. Man soll Mitleid mit den Kindern der eingesperrten Mörder empfinden, Kinder, die über so lange Zeit keinen engen Kontakt zu ihren Vätern hatten. Ähnliche Strategien verfolgten in der Vergangenheit auch immer wieder Mafiaehefrauen, nicht zuletzt Ninetta Bagarella, die mit Salvatore Riina verheiratet und die Mutter Maria Concetta Riinas ist (vgl. Longrigg, Claire: Die Patinnen). Die Interviews mit Angelo Provenzano und Maria Concetta Riina wurden von

der Sendung Ruopolo Telecras ausgestrahlt, das mit Angelo Provenzano ist im Internet einzusehen (vgl. Interview mit Angelo Provenzano: www.youtube.com/watch?v=9EXFWR92zoM). Das Interview mit Maria Concetta Riina wurde mittlerweile aus dem Netz genommen.

45 Unterhaltung mit Aktivisten von *Addiopizzo* im und über das Stadtviertel *Ballarò* von Palermo im Herbst 2011. In diesem Viertel gibt es kaum nennenswerte, autonome Verbrechen der Kleinkriminalität, beispielsweise keine Überfälle oder Diebstähle (also aber sehr wohl durch Kleinkriminelle betriebene Geschäfte der Mafia oder Geschäfte, an denen die Mafia mitverdient). Die Mafia ist in dem Viertel sehr präsent und betreibt viele Geschäfte, die sie nicht durch die ständige Präsenz der Polizei gestört haben möchte. Zudem hält sie die Bevölkerung des Viertels auf diese Weise auf ihrer Seite, denn immerhin verhindert sie ja angeblich und oberflächlich betrachtet Verbrechen – oder zumindest solche, die Aufmerksamkeit erregen und für die Bevölkerung eines Viertels sichtbar sind.

46 Ital. Original: *„L'associazione di Don Paolo [Leiter des Dipingi la pace] combatte da diversi anni per dare a questi bambini un sorriso, un futuro migliore da vivere una coscienza di pace e senza omertà..."* auf der Homepage des Associazione Dipingi la pace: www.dipingilapace.it

47 Michela Buscemi in: Kienzle, Birgit und Galluzzo, Maria Teresa: Frauen gegen die Mafia. S.56.

48 Gespräche mit Mitgliedern der sizilianischen Antimafia-Bewegung und Mitarbeitern einer Pizzeria in Palermo. Hinzufügend sollte erwähnt werden, dass Arbeit in Sizilien, jedenfalls solche, die nur einen geringen oder gar keinen Abschluss benötigt, meist sehr viel mehr Stunden beinhaltet, als in Deutschland. Mitarbeiter einer Pizzeria oder eines Ristorante beispielsweise arbeiten schnell jeden Tag über 10 Stunden, und das sechs, im schlimmsten Fall sogar sieben Tage die Woche. Schutz der Mitarbeiter existiert vom Gesetz her zwar, wird aber nur selten umgesetzt. Die Bezahlung der Mitarbeiter ist, trotz der langen Arbeits- und fehlenden Ruhezeiten, deutlich schlechter als in Deutschland und reicht bei Jobs mit niedriger Qualifizierung wenn überhaupt gerade so zum Überleben. Gespräch mit Mitarbeitern einer Pizzeria, einer Molkerei und einer Zuckerbäckerei in Palermo.

49 Tatsächlich geschehen solche Beschlagnahmungen von Gütern der Mafia, der Camorra, der 'Ndrangheta, der Stidda oder der Sacra Corona Unità sowie der kleineren italienischen Gruppen der organisierten Kriminalität relativ häufig. Im Herbst 2011 nannte der Leiter der *Direzione Nazionale Antimafia*, einer Behörde, die die Arbeit unterschiedlicher Mafiaermittlungsbehörden koordiniert, bei einer Diskussionsrunde in der *Humboldt-Universität* in Berlin konkrete Zahlen. Seinen Angaben nach wurden von 2008 bis 2011 allein Werte in der Höhe von 22 Millionen Euro von der italienischen organisierten Kriminalität beschlagnahmt und eingefroren, davon wurden 3 Millionen bisher endgültig konfisziert. Diskussionsrunde mit dem damaligen Leiter der *DNA* Piero Grasso am 13.09.2011 in der *Humboldt-Universität* Berlin.

50 Ital. Original:„...*1.516 aziende confiscate alla mafia e alle altre forme di criminalità organizzata, il 90 per cento risultano inattive. Solo 176 aziende sono in attività, mentre il 60 per cento dei beni da destinare a comuni, risultano strozzati da ipoteche bancarie.* " Valter Vecellio: Mafia. La grave (e inosservata) denuncia del procuratore Grasso. Se la confisca è solo scena. 23.02.2012 URL: www.notizie.radicali.it/articolo/2012-02-23/editoriale-direttore/mafia-la-grave-e-inosservata-denuncia-del-procuratore-grasso
51 Gespräche mit Mitgliedern der Cooperativo Placido Rizzuto in Corleone im Herbst 2010.
52 Seithe, Mechthild: Schwarzbuch Soziale Arbeit. S.41.
53 Wie im Fall eines Unternehmers aus *Alcamo* in der Provinz Trapani im Jahr 1996. Bei einer Festnahme im gleichen Jahr fanden Ermittler ein Buch mit 51 Unternehmern, die an die berüchtigte Mafiafamilie Melodia Schutzgelder entrichteten. Die Tätigkeiten des Clans in diesem Bereich wurden aufgedeckt, aber niemand wagte es, von Erpressungen zu sprechen. Zwar kam es zu einer Verhandlung, aber diese schleppte sich hin, weil niemand es wagte, die Erpresser zu benennen und anzuzeigen. Am 12.07.1997 verhörten Ermittler der *Direzione Investigativa Antimafia* den Unternehmer Gaspare Stellino, über den sie Hinweise aus besagtem Buch erhalten hatten. Stellino war verzweifelt. Damals existierte in Trapani noch keine größere Antimafia-Bewegung, schon gar nicht in *Alcamo*, einer traditionell sehr stark von der Mafia kontrollierten Stadt. Stellino wollte nicht aussagen, weil er die Rache der Mafiosi fürchtete. Schwieg er allerdings, drohte ihm eine Anzeige wegen Begünstigung der Mafia, immerhin hatte er offenkundig Schutzgeld entrichtet und somit eine Straftat begangen. Nach seinem Verhör kehrte er nach Hause zurück. Da er keinen Ausweg mehr sah, nahm er sich einen Strick und hängte sich in einem der Räume seiner Wohnung auf. Auf seiner Beerdigung nahmen nur ein paar traurige Freunde und Verwandte des Mannes teil, kein Repräsentant, kein einziger Vertreter des Staates setzte damals ein Zeichen. Dieser Fall zeigt deutlich, wie wichtig die Existenz von Antimafia-Organisationen ist, die Menschen Alternativen zu einer Kooperation mit der Mafia bieten. Im Fall der Schutzgelderpresser von *Alcamo* kam es 2002 schließlich tatsächlich zu Verurteilungen. Doch all die Urteile waren nicht der Kooperation der Unternehmer zu verdanken, die eigentlich nie stattgefunden hatte, sondern viel mehr der Verdienst der Abhöraktionen engagierter Ermittler sowie diverser Kronzeugen, die gegen die *cosca* in *Alcamo* ausgesagt hatten. Die betroffenen Unternehmer haben bis heute alles abgestritten und geleugnet, dass es in der damaligen Zeit jemals zu Schutzgelderpressungen gekommen sei, daran änderte auch Stellinos Selbstmord nichts (vgl. Di Girolamo, Giacomo: Matteo Messina Denaro).
54 Name wurde geändert.
55 Gespräch mit Antonio (Name geändert) in seiner Gastronomie in einer Kleinstadt in der Provinz Palermo im Herbst 2010. Der Kontakt zu Antonio wurde über Mitglieder von *Addiopizzo* in Palermo, Stadt, hergestellt.
56 Beides haben wir bei einem Besuch in Antonios Gastronomie im Herbst 2010 selbst erlebt. Nicht nur war die Reaktion der vielen Menschen in der Vorstadt

auf Aktivisten von *Addiopizzo* sehr bemerkenswert (einige äußerten sich auch öffentlich positiv), während wir uns bei Antonio befanden, schickte die Mafia mindestens drei Spitzel in seinen Laden. Diese hatten wahrscheinlich die Aufgabe, in Erfahrung zu bringen, was Mitglieder von *Addiopizzo* und vier deutsche Touristen in dem Unternehmen wollten. Antonio kannte die drei Spitzel dank einiger Hinweise der Polizei. Eine der Personen hatte zudem wenige Wochen bevor wir Antonio besuchten von der Mafia den Befehl erhalten, seinen Laden anzuzünden. Der junge Mann war selbst kein Mitglied der Organisation, sondern ein Kleinkrimineller, der für die Mafia immer wieder die gefährliche und „minderwertige" Arbeit übernahm. Aufgrund der massiven Polizeipräsenz wurde die geplante Brandstiftung dann abgeblasen. Antonio erfuhr diese Informationen von den Carabinieri. Diese beobachteten damals den mutmaßlichen Brandstifter und daher war es wahrscheinlich auch kein Zufall, dass ausgerechnet in dem Moment, als sich dieser junge Mann vor und in der Gastronomie aufhielt, ein Carabiniere im Auto vorfuhr, die Gaststätte betrat und sich Zigaretten kaufte.

57 Gespräch mit Antonio (Name geändert) in einer Kleinstadt in der Provinz Palermo im Herbst 2010.

58 Ital. Original: „*La mafia non è mai stata, e non è adesso, 'un antistato' o 'un contropotere'...*" Palazzolo, Salvo: I pezzi mancanti. S.252.

59 Ital. Original: „*...otto dei quali assistiti dal'associazione Addiopizzo.*" In: „Il processo 'Addiopizzo 5'" auf www.livesicilia.it vom 14.11.2011.

Register

Abadinsky, Howard 18
Addiopizzo 11, 54, 71-73, 76, 89-91
Addiopizzo 5 76
AGESCI 17
Albargheria 49
Alcamo 90
Anarchistische Konsensmodell 48
Andreotti, Giulio 85
Anti – Gewalt / -Agressionstraining 48, 62
Antimafia – Bewegung .... 9-11, 23ff., 29ff. ,37-40, 44-47, 49-58, 62, 64, 66f., 70, 76f., 79f., 84-90
Antimafia – Pool 28
Antonio (Name geändert) 71, 72, 90, 91
Arbeiterwohlfahrt (AWO) 17
Arbeitsamt (ufficio di collacamento) 16
Associazione Guide e Scouts Cattolici Italiani (ARCI) 17

Badalamenti, Gaetano 36, 86
Bagarella, Ninetta 88
Ballarò 89
Basile, Emanuele 26
Beati Paoli 18, 19
Berlin 89
Borgo Vecchio 49, 51, 62
Borsellino, Paolo 29, 85
Brancaccio 49, 64
Briguglio, Giuseppe 35, 86
Bundesarbeitsgemeinschaft der Freien Wohlfahrtspflege 17
Buscemi, Michela 41, 66

Caccamo 29
Camorra 18, 31, 89
capo – decina (Pl. capi – decine) 22
capo – famiglia 22
capo – mandamento (Pl. capi – mandamenti) 84
carabiniere (Pl. carabinieri) 26, 35, 36, 91
Caritas – Verband 17

Casa Memoria Giuseppe e Felicia Impastato 86
Castelvetrano 87
Cavalliero, Diego 43
Centro Diaconale La Noce Istituto Valdese 49, 54-58, 63, 64
Centro Padre Nostro 49, 54, 55, 57, 62-64
Centro San Saverio 49
Centro Santa Chiara 49
Centro Siciliano di Documentazione Giuseppe Impastato 38
CIDMA – Antimafiamuseum 38
Cinisi 34-36, 85, 86
Ciotti, Padre Luigi 68
consigliere (Pl. consiglieri) 22
Cooperativo lavoro e non solo 68
Cooperativo Placido Rizzotto 68, 90
Corleone 25, 26, 38, 85, 90
cosca (Pl. cosche) 22, 23, 83, 84, 90

Dachverband (confederazione, Pl. confederazioni) 16
Dalla Chiesa, Alberto 26
Democrazia Cristiana (DC) 26
Deutsche Rote Kreuz (DRK) 17
Deutschland 10, 16, 23, 24, 31, 32, 37, 62, 89
Diakonische Werk 17
Dipingi la pace 49-52, 54, 55, 62, 64, 88, 89
Direzione Distrettuale Antimafia (DDA) 24
Direzione Investigativa Antimafia (DIA) 24, 89
Direzione Nazionale Antimafia (DNA) 24, 84, 90
Duisburg 31, 32, 86

Einzelfallhilfe 15
Erlebnispädagogik 55
Europa 10, 23, 24

Falcone, Giovanni 28, 85
Fasci siciliani 25
Freedom, Legality and Rights in Europe – Network (FLARE) 24
Freimaurer 20
Freier Träger (ente privato) 16, 17

Gemeinnütziges Unternehmen (gGmbH, imprese sociale) 16
Gemeinwesenarbeit 15
Genovese, Vito 84
Giuffrè, Antonio 21
Grasso, Piero 84, 89
Greco – Clan 22

Haltung der Legalität 40-50
Hells – Angels 31
Hilfen zur Erziehung 57

Impastato – Familie 85
Impastato, Giovanni 36, 86
Impastato, Giuseppe 34-36, 75, 87
Impastato, Luigi 34, 86
Italien .... 10, 16, 18, 24, 37, 53f., 63, 67-69, 71f.
Italienische Organisierte Kriminalität (Italian Organized Crime, IOC) 18

Jugendamt (ufficio assistenziale giovanile) 16

Kalabrien 85
Kindeswohlgefährdung 58
Klientelismus 43-45, 47, 48, 51, 52, 58, 59, 67, 70, 78, 79
Köln 23
Kompetenzvermittlungszentrum 49, 50
Konfliktlösungsmethoden 48, 49, 62
Kuppel .... siehe Region

L'Ora 25
La Lotta Continua 86
La Noce .... 49, 54 – 58, 63, 64
La Torre, Pio 26, 27
La Torre – Gesetz 27, 68
Libera (Terra) 11, 68, 69, 85
Lima, Salvo 28
Lebensweltorientierung 48
Lo Piccolo, Salvatore 76
Lo Piccolo, Sandro 76
Lo Verso, Girolamo 51

Mafia 10, 11, 18-29, 31-48, 50-68, 70, 71, 73-76, 80, 83-90
Mafia ? Nein Danke ! e.V. 24, 87
Mancuso, Lenin 26
Mandamenti (Sg. mandamento) der Mafia 84
Mandat, doppeltes Mandat 15
Maniaci, Pino 87
Mannino, Calogero 85
Marsala 43
Martelli, Claudio 85
Mattarella, Piersanti 26
Mediation 48, 49
Melodia – Clan 90

Maxi – Prozess 28
Messina Denaro, Matteo 87, 90
Mexiko 9
Monreale 26
Mori, Cesare 84
Mussolini, Benito 84

Ndrangheta 18, 31, 32, 86, 89
Nordamerika 23

Öffentliche Träger (ente pubblico, Pl. enti pubblici) 16, 17
Omertà 42, 43, 45, 47, 48, 51, 52, 58, 59, 74, 75, 79
Organisierte Kriminalität 9, 10, 18, 39, 46, 80, 81, 85, 89

Pädagogik der Legalität 50, 52, 53, 56, 58, 79, 80
Palermo 11, 18, 25f., 29, 34, 37f., 49, 51, 62-66, 71, 84, 88-90
Palermo e svizzera abitano insieme 64, 65
Paritätische Verband 17
Partito Comunista Italiano (PCI) 26
Partito Proletaria 35
Pelle – Romeo – Vottari – Clan 86
Provenzano, Angelo 89, 88
Provenzano, Bernardo 88
Provinzkommission der Mafia 84
Psychologie 15
Puglisi, Padre Giuseppe 49, 62

Rechtswissenschaften 15
Region der Mafia 84
Reina, Michele 26
Reski, Petra 24
Riina, Maria Concetta 88, 89
Riina, Salvatore 88
Rognoni – La Torre – Gesetz 27, 68
Roth, Jürgen 24

Sacra Corona Unità (SCU) 18, 89
Salvo, Ignazio 28
San Lucca 86
Schweiz 65
Selbsthilfegruppe 73
Sizilien 10f., 18f., 23, 25-27, 30, 50, 55, 64, 67, 74, 80, 84, 87, 89
Sozialamt (ufficio comunale affari sociale) 16
Soziale Arbeit .... 10 f., 13-16, 31, 38 f., 46-51, 56-59, 65, 67ff., 72f., 76f., 79f.
Soziale Gruppenarbeit 15, 49, 54

Sozialpädagogik 13, 48, 56
Sozialpädagogische Beratung 15, 49
Soziologie 15
Spanien 23
Stadtteilbüro / -zentrum 38, 49, 57, 62, 65
Stellino, Gaspare 90
Stidda 11, 18, 89
Strangio – Nirta – Clan 86
Straßensozialarbeit 15
Südamerika 23
Supervision 15

Terra del Fuoco 17
Terranova, Cesare 26
Trapani 84, 90
Türkei 23
Turturro, Padre Paolo 52, 62, 89

USA 18

Verein (associazione, Pl. associazioni) 16, 12, 24, 40, 49, 76
vice – capo 22
Vizzini, Carlo 85

Zentralwohlfahrtsstelle der Juden 17

Quellenverzeichnis

Literatur:

Arlacchi, Pino: *Mafia von Innen. Das Leben des Don Antonino Calderone*. Frankfurt am Main: Fischer Verlag 1993.
Boeckh, Jürgen; Huster, Ernst-Ulrich und Benz, Benjamin: *Sozialpolitik in Deutschland. Eine systematische Einführung*. Wiesbaden: Verlag für Sozialwissenschaften 2006.
Brockhaus Enzyklopädie: *Band 20. Seif-Stal*. Leipzig - Mannheim: Brockhaus Verlag 1998.
Camillieri, Andrea: *M wie Mafia*. Hamburg: Rohwolt Verlag 2009.
Deml, Sonja: *Wenn ich gross bin, möchte ich Mafiaboss werden. Über die Erziehungsmethoden der sizilianischen Mafia und ihre Gegner*. Marburg: Tectum Verlag 2003.
Di Girolamo, Giacomo: *Matteo Messina Denaro. L'invisibile*. Rom: Editori Riuniti S.r.l. 2010.
Dickie, John: *Cosa Nostra. Die Geschichte der Mafia*. Frankfurt am Main: Fischer Verlag 2007.
Dietz, Gudrun: *Die 'Ndrangheta. Der geheime Aufstieg der kalabrischen Mafia*. Weinheim: Wiley Verlag 2010.
Erath, Peter: *Sozialarbeitswissenschaften. Eine Einführung*. Stuttgart: W. Kohlhammer GmbH 2006.
Falcone, Giovanni und Padovani, Marcelle: *Inside Mafia*. München: Herbig Verlag 1992.
Feo, Fabrizio: *Matteo Messina Denaro. La mafia del camaleonte*. Soveria Mannelli: Rubbettino Editore 2011.
Forgione, Francesco: *Mafia Export. Wie 'Ndrangheta, Cosa Nostra und Camorra die Welt erobern*. München: Riemann Verlag 2010.
Galluske, Michael: *Die Methoden der Sozialen Arbeit. Eine Einführung*. München: Juventa Verlag 2009.
Gratteri, Nicola und Nicaso, Antonio: *Fratelli di sangue. Storie, boss e affari della 'ndrangheta, la mafia più potente del mondo*. Mailand: Mondadori Editore S.p.A. 2011.
Kienzle, Birgit und Galluzzo, Maria-Teresa: *Frauen gegen die Mafia. Das Gesetz des Schweigens brechen*. Hamburg: Rowohlt Verlag 1990.
Klüver, Henning: *Der Pate. Letzter Akt*. München: Bertelsmann Verlag 2007.
La Licata, Francesco und Ciancimino, Massimo: *Don Vito. Le relazioni segrete tra Stato e mafia nel racconto di un testimone d'eccezione*. Mailand: Feltrinelli Editore 2010.
Lo Bianco, Giuseppe und Rizza, Sandra: *L'agenda rossa di Paolo Borsellino. Gli ultimi 56 giorni nel racconto di familiari, colleghi, magistrati, investigatori e pentiti*. Mailand: Chiarelettere Editore srl 2010.
Longrigg, Claire: *Die Patinnen. Frauen der Mafia*. München: Goldmann Verlag 2000.

Longrigg, Claire: *Der Pate der Paten. Wie Bernardo Provenzano die Mafia organisierte.* München: Herbig Verlag 2009.
Lodato, Saverio: *Trent'anni di mafia. Storia di una guerra infinita.* Mailand: RCS Libri S.p.A. 2009.
Lodato, Saverio: *'Ho ucciso Giovanni Falcone.' La confessione di Giovanni Brusca.* Mailand: Mondadori Editore S.p.A. 2010.
Lunde, Paul: *Organized Crime. The insider's guide to the world's most successful industry.* New York: DK-Publishing 2004.
Lupo, Salvatore: *Die Geschichte der Mafia.* Düsseldorf: Patmos Verlag 2005.
Mugno, Salvatore: *Matteo Messina Denaro. Un padrino del nostro tempo.* Bolsena: Massari editore 2011.
Musci, Aldo: *Tutte le mafie del mondo. Una mappa della criminalità organizzata nell'epoca della globalizzazione.* Viterbo: Stampa Alternativa 2011.
Palazzolo, Salvo: *I pezzi mancanti. Viaggio nei misteri della mafia.* Bari: Laterza Editori 2010.
Papenheim, Heinz-Gert und Baltes, Joachim: *Verwaltungsrecht für die Soziale Praxis.* Frechen: Verlag für die soziale Praxis 2010.
Sabella, Alfonso: *Cacciatore di mafiosi. Le indagini, i pedinamenti, gli arresti di un magistrato in prima linea.* Mailand: Mondadori Editore S.p.A. 2010.
Schneider, Jane und Peter: *Reversible Destiny. Mafia, Antimafia and the struggle for Palermo.* Los Angeles: University of California Press 2003.
Seithe, Mechthild: *Schwarzbuch Soziale Arbeit.* Wiesbaden: Verlag für Sozialwissenschaften 2010.
Stille, Alexander: *Die Richter. Der Tod, die Mafia und die italienische Republik.* Ulm: C.H. Beck Verlag 1997.
Stöver, Heino und Schäffer, Dirk [Hrsgb.]: *Drogen, HIV/AIDS, Hepatitis. Ein Handbuch.* Berlin: Deutsche Aids Hilfe e.V. 2011.
Thamm, Bernd Georg und Freiberg, Konrad: *Mafia Global. Organisiertes Verbrechen auf dem Sprung in das 21. Jahrhundert.* Hilden: Verlag deutscher Polizeiliteratur 1998.
Wecker, Konstantin: *Sage Nein! Politische Lieder.* Köln: Kiepenheuer und Witsch Verlag 1993.

Zeitungs- und Internetartikel:

Akzept-Bundesverband für akzeptierende Drogenarbeit: *Leitlinien der akzeptierenden Drogenarbeit.* Aufgerufen am 05.09.2012. URL: www.infodrog.ch/tl_files/templates/ In foDrog/user_upload/schadensminderung_de/akzept_LeitlinienAkzeptierendeDrogen arbeit_1999.pdf
Antimafiaduemila: *Telejato, nuove minacce al direttore scritte e insulti sui muri.* Vom 03.09.2011. URL: www.antimafiaduemila.com/content/view/35412/48/
Associazione Centro di Accoglienza Padre Nostro: *Bilancio Sociale – Anno 2007.* Aufgerufen am 26.08.2012. URL: www.centropadrenostro.it/documenti.asp/
Burnicki, Ralf: *Die anarchistische Konsensdemokratie.* Aufgerufen am 13.09.2012. URL: www.republicart.net/disc/aeas/burnicki01_de.pdf

Bolzoni, Attilio und Vivano, Francesco: *Stragi, l'ultima verità 'Fu lo Stato a cercare il patto con la mafia'*. In: La Repubblica. 18.10.2011. S.18

Calà, Tonino: *Educazione alla Legalità*. Aufgerufen am 30.08.2012. URL: www.tonicocala.it/download/

Centro Siciliano di Documentazione „Giuseppe Impastato" O.N.L.U.S.: *La sentenza di condanna al ergastolo per Gaetano Badalamenti*. Aufgerufen am 15.06.2012. URL: www.centroimpastato.it/publ/archivio/sentenza_badalamenti.php3

Confesercenti: *Rapporto XII. Le mani della criminalità sulle Imprese* URL: www.de.slideshare.net/BandoGiovanniReporter/xii-rapporto-le-mani-della-criminalit-sulle-imprese-2009

DBSH (Hrsg.): *Berufsbild für Sozialarbeiter/innen und Sozialpädagogen/innen*. Januar 2009:www.dbsh.de/fileadmin/redaktionell/pdf/Berufsbildnovellierung-Endfassung_Jan_2009.pdf

Giornale di Sicilia: *Castelvetrano: scritte innegiante a Matteo Messina Denaro*. Vom 29.05.2012. URL: www.gds.it/gds/sezioni/cronache/dettaglio/articolo/gdsid/199910/

Giornale di Sicilia: *Tagliano alberi in terreni confiscati, 3 arresti a Corleone*. Vom 31.01.2012URL: www.gds.it/gds/sezioni/notizie-brevi/dettaglio/articolo/gdsid/186102

Krafeld, Franz Josef: *Erfahrungen einer akzeptierenden Jugendarbeit mit rechten Jugendlichen*. Aufgerufen am 05.09.2012. URL: http://library.fes.de/gmh/main/pdf-files/gmh/1993/1993-04-a-256.pdf

La Repubblica: *Paura a Cinisi fuoco al market di Impastato*. Vom 10.12.2011. URL: www.ricerca.repubblica.it/repubblica/archivio/repubblica/2011/12/10/paura-cinisi-fuoco-al-market-di-impastato.html

Landesarbeitskreis Mobile Jugendarbeit Sachsen e.V.: *Positionspapier zum Ansatz akzeptierender Jugendarbeit*. Aufgerufen am 05.09.2012. URL: www.mja-sachsen.de/mja-sachsen/material/akteptpapierLAK.pdf

Livesicilia: *Il processo 'Addiopizzo 5'*. Aufgerufen am 13.08.2012 unter: www.livesicilia.it

Sicilia, Francesco: *Impastato: 'Troppe coincidenze strane. Il negozio è un simbolo antimafia.'* Vom 09.12.2011. URL: www.palermotoday.it/cronaca/incendio-pizzeria-intervista-giovanni-impastato.html

Homepages:

Confinionline: *Le regole del non profit*. Zugriff am 23.08.2012. URL: www.onlus-confinionline.it

Homepage der *Associazione Dipingi la pace*: www.dipingilapace.it

Homepage des *Centro di Accoglienza Padre Nostro*: www.centropadrenostro.it

Homepage des *Centro Diaconale „La Noce" Istituto Valdese*: www.lanoce.org

Homepage des *Comitato Addiopizzo*: www.addiopizzo.org

Homepage von *Libera – Terra Mediterraneo Società Consortile*: www.liberaterra.it

Homepage von *Mafia? Nein Danke e.V.* : www.mafianeindanke.de

Homepage des *Centro Siciliano di Documentazione Giuseppe Impastato – O.N.L.U.S.*: www.centroimpastato.it

Homepage des Nachrichtenportals *Antimafiaduemila*: www.antimafiaduemila.com

Interviews, Gespräche und öffentliche Veranstaltungen:

Gespräche mit Mitarbeitern einer Zuckerbäckerei, eines Ristorante und einer Molkerei in der Provinz Palermo
Gespräche mit Aktivisten von *Addiopizzo* in Palermo
Gespräche mit Mitarbeitern und Aktivisten der *Cooperativo Placido Rizzuto* von *Libera Terra* in Corleone
Gespräche mit Mitarbeitern des *CIDMA-Antimafiamuseums* in Corleone
Gespräche mit Mitgliedern des *Casa Memoria Giuseppe e Felicia Impastato* und der Gruppe *La Lotta Continua* in Cinisi

Alle oben benannten Interviews und Gespräche wurden im Herbst 2010 in Sizilien geführt

Öffentliche Veranstaltung mit *Piero Grasso*, ehemals leitender Untersuchungsrichter der *DNA* in der Humboldt Universität in Berlin am 13.09.2011
Öffentliche Veranstaltung mit *Giovanni Impastato* im Winter 2011 in Berlin
Fortbildungsstunde bei der *Suchtpräventionsstelle Berlin – Friedrichshain* im März 2012.

VS Forschung | VS Research
Neu im Programm Soziale Arbeit

Gabriele Bingel
Sozialraumorientierung revisited
Theoriebildung und Geschichte zwischen instrumenteller Logik und sozialer Utopie
2011. 283 S. Br. ca. EUR 29,95
ISBN 978-3-531-18023-6

Ulrich Glöckler
Soziale Arbeit der Ermöglichung
‚Agency'-Perspektiven und Ressourcen des Gelingens
2011. 156 S. Br. EUR 34,95
ISBN 978-3-531-18025-0

Johannes Richter
„Gute Kinder schlechter Eltern"
Familienleben, Jugendfürsorge und Sorgerechtsentzug in Hamburg, 1884-1914
2011. 666 S. Br. EUR 59,95
ISBN 978-3-531-17625-3

Eckhard Rohrmann
Mythen und Realitäten des Anders-Seins
Gesellschaftliche Konstruktionen seit der frühen Neuzeit
2., überarb. u. erw. Aufl. Aufl. 2011.
323 S. Br. EUR 34,95
ISBN 978-3-531-16825-8

Bringfriede Scheu / Otger Autrata
Theorie Sozialer Arbeit
Gestaltung des Sozialen als Grundlage
2011. 318 S. (Forschung, Innovation und Soziale Arbeit) Br. EUR 39,95
ISBN 978-3-531-18243-8

Sabina Schutter
„Richtige" Kinder
Von heimlichen und folgenlosen Vaterschaftstests
2011. 215 S. (Kindheit als Risiko und Chance) Br. EUR 39,95
ISBN 978-3-531-18059-5

Erhältlich im Buchhandel oder beim Verlag.
Änderungen vorbehalten. Stand: Juli 2011.

Einfach bestellen:
SpringerDE-service@springer.com
tel +49 (0)6221 / 3 45 – 4301
springer-vs.de

MIX
Papier aus verantwortungsvollen Quellen
Paper from responsible sources
FSC® C105338

If you have any concerns about our products,
you can contact us on
ProductSafety@springernature.com

In case Publisher is established outside the EU,
the EU authorized representative is:
**Springer Nature Customer Service Center GmbH
Europaplatz 3, 69115 Heidelberg, Germany**

Printed by Libri Plureos GmbH
in Hamburg, Germany